엄마가 웃었다

오정순 수필집

소소리

엄마가 울었다

오정순 수필집

1판 1쇄 인쇄/ 2019년 10월 20일
1판 1쇄 발행/ 2019년 10월 25일

지은이 / 오정순
펴낸이 / 우희정
펴낸곳 / 도서출판 소소리

등록 / 제300-2007-21호
주소 / 03073 서울 종로구 성균관로 5길 39-16
전화 / 765-5663, 010-4265-5663
e-mail: sosori39@hanmail.net
www.sosori.net

값 12,000 원

*잘못된 책은 바꿔드립니다.

ISBN 979-11-5891-129-4   03810

오정순 수필집

엄마가 웃었다

책을 내면서

인생을 노래하다

 요즈음 나는 틈만 나면 노래를 부른다. 아니 틈을 내기도 한다. 아스팔트길에 떨어진 나뭇잎이 악보로 보이고, 단풍나무 아래에 서면 나뭇잎 사이로 보이는 하늘이 쉼표로 보인다. 그것은 37세에 문을 닫았던 음악의 방문을 다시 연 축복의 현상이다.
 젊은 날 '관행'이라는 돌부리에 걸려 혼이 났다. 부모에게 의존되었던 내가 용기를 내어 혼자서 분양된 아파트를 샀다가 평생 보지 못한 어둠을 만났다. 속이려고 드는 사람에게는 대책없이 넘어가고 나는 한동안 어둠을 뚫고 나오느라고 마음고생을 했다. 나는 성서에서 지혜를 얻어 문제를 해결했고 그 감사로 신에게 음악을 바치고 미련도 없이 음악의 세계를 닫았다. 엎어진 자리에서 나는 귀한 보석을 주웠다. 어려울 때마다 음악이란 도피처로 숨어들며 현실을 직시하지 못한 내 탓을 찾아냈으니 얼마나 큰 덕인가. 결국 무지에서 두려움이 피어나고 두려움은 나를 넘어뜨렸다. 두고두고 보배로운 경험이다.
 만사가 중심을 이탈하여 멀리 가면 돌아오기 어려우므로 균형을 잡아 살기 위해 내 시간을 재 안배하였다. 대부분의 시간이 사회적 가치 구현과 가정의 화목, 공동체와 사회 약자에게로 향하고 있다.

불편하고 힘들어도 행할 가치가 있으면 주도적으로 하는 편인데, 지치고 힘들 때면 잠복되어 있던 외로움이 고개를 쳐든다. 틈만 나면 비집고 나오려고 안달이다. 나는 재미를 꺼내 처방하고 몰입을 하여 진정시킨다. 이제는 조율이 가능해졌으니 노래를 다시 소환하고 날마다 글을 쓴다. 주기적으로 봉사와 운동을 하고 기도와 거룩한 미사로 균형을 잡는다.

하지만 노력과 무관하게 기억은 흐려지고 통찰은 깊어진다. 지식의 강을 지나 지혜의 바다로 향하는 지금, 더 바라면 죄가 된다는 노래 가사가 귀에 꽂힌다. 꽃봉오리나 활짝 핀 꽃만 꽃이 아니라 꽃대에서 서서히 고개를 숙이며 지고 있는 꽃도 꽃이기에 과장을 벗겨낸다. 엄살은 피하고 헛웃음은 파기한다. 평생 작가로 남으려면 건강해야 하기에 요즈음 하루의 1시간 정도 맨발로 흙길을 걷는다. 흙과 발바닥이 합일체가 되면 자연으로부터 힘을 받아 잠이 깊이 들고 고단하지 않으며 자꾸 흙길을 걷고 싶어진다. 신묘한 피로회복이며 쾌감이다. 출렁거리고, 넘어지고, 잃은 뻔했어도 노래를 다시 찾아 즐겨 부르니 지금 내 인생이 감사하다. 축복은 조건이 아니라 인정하는 자세라고 생각하는 나는 가치와 재미 사이를 오가며 축복을 누린다. '벌써'가 아니라 '아직'이라는 시간 안에서 꿈을 꾼다.

가을로 가는 길목에서

늘샘 오정순

▶차 례

▶책을 내면서

1. 쇳조각 하나

이미지 혼인신고서 —·12
마른 멸치 —·14
'훌륭한' 콤플렉스 —·16
쥐젖 —·20
짬짜면 한 그릇 —·25
쓴 사탕, 단 사탕 —·29
그녀가 보고 싶다 —·35
물집 —·39
쇳조각 하나 —·43
이성과 감성, 적재적소 사용법 —·45
다시 불편함을 즐기며 —·49
쿠킹호일과 셀로판지, 그리고 삼색의 원 —·54

2. 살다보면

변방에 서기 ― · 60
깎아내어 불꽃을 피우리라 ― · 65
달력 속의 빨강색 자전거 ― · 69
나는 택배 사업자 ― · 72
장미와 노인 ― · 76
방역 ― · 79
6월의 폴 바셋 ― · 82
어머니가 웃었다 ― · 88
어머니가 노래를 불렀다 ― · 93
사용설명서 ― · 98
살다보면 ― · 102
눈물에도 색깔이 있다 ― · 106

3. 바람에 깃든 향

인생가계부 ― · 112
내 나무 친구들 ― · 119
안보재건 부자(父子) ― · 123
바람에 깃든 향 ― · 126
괜찮아요, 잊으세요 ― · 130
삶의 근육 만들기 ― · 132
핏줄과 인연줄 ― · 136
정월 초하루 ― · 142
꿈틀거리는 달 ― · 146
아직도 터질 속이 남았나요? ― · 150
다섯 개의 구멍과 거꾸로 자라는 나무 ― · 152

4. 다운로드

부부 나들이 풍경 ― · 162
봄의 한가운데서 ― · 166
명품거리의 리어카 ― · 170
편지 받아주는 사람 ― · 172
낮춤의 미학 ― · 176
충격체감의 법칙 ― · 181
무지개를 깔고 앉은 여자 ― · 184
수류화개(水流花開) ― · 188
포장 ― · 193
한 여자와 세 남자 ― · 201
다운로드 ― · 209
복도 ― · 213
22세의 용기 ― · 220

1.
쇳조각 하나

이미지 혼인신고서

　남녀 사이에는 프라이팬이 있다. 누가 그 프라이팬을 먼저 달구었는지 출발점을 모르지만 열의 강도가 점점 높아진다. 더 높아지면 메마른 연기가 올라올 것이므로 그들의 인생을 얹어 익히기로 한다. 연기가 나기 전에 사랑이란 기름을 두르고 날계란 두 개를 깨뜨리면 흰 자위가 프라이팬에 떨어지기가 무섭게 옆으로 퍼지며 둘이 손을 잡듯, 둘의 마음이 닿듯, 둘의 몸이 섞이듯 엉겨 붙어 익어간다. 이미지로 쓴 혼인신고서이다.
　나는 생각한다. 왜 내가 신혼 초에 남편과 그렇게 소통하기가 힘들었는지를. 당시에 33살과 29살의 신랑신부는 결코 날계란의 속성은 아니었다. 우리는 세상의 열기로 사고가 익을 만큼 익었고, 풋풋한 감정은 식을 만큼 식었으며, 자존심으로 단단해진 상황에서 만났다.

삶은 계란형의 남녀는 껍질을 깨뜨린들 결합의 묘를 살려내지는 못했다. 결혼을 하는데 두 달이 지났으니까.

둘이 사는데 소통에 무리는 없었지만, 언제나 외도는 것 같은 이질감을 떨치지 못했다. 결국 깨져서 섞이지 않으면 섞이지 못할 심리적 상황임을 알기까지 시간이 좀 걸렸다. 내가 먼저 부수어져 가루를 내고 남자에게 가루를 낸 이유를 설명했다. 내 민낯을 보여주고 남편의 민낯도 보고 싶었다. 다시 만난 부부처럼 살아볼 의향이 있는가 정중하게 타진했다. 우리는 그제서야 침묵이란 공간에 가두고 있던 혼인의 환상을 깨고 속내를 드러내보였다. 서로를 정말 몰랐던 거였다. 그리고 그날 우리 나름의 '혼인 갱신식'을 치르고 새로 받은 세월을 상징하는 시계를 교환하고 새 옷을 마련하여 결혼식 사진을 다시 찍었다. 한동안 우리 거실에는 이 사진을 걸어두었다.

고유한 자신을 철저하게 고집하면서 합리적이고 건강한 결혼생활을 꿈꾼다면 그 꿈은 이루어지기 어렵다. 최소한의 덜 익은 부분을 찾아 마저 익히는데 노력하면서 손잡지 않는다면 삶은 계란처럼 외로움을 껍질 안에 가둔 채 살게 될 것이다. 굳은 생각과 감정을 수시로 가루를 내어 서로 섞거나 각자 삶은 계란형을 인정하면서 가루 내는 어려움을 피할 수도 있다. 그것은 선택이니까.

(2018. 한국여성문학인회)

마른 멸치

 엄마는 마른 멸치다. 언제라도 다시마와 함께 자식의 '인생탕'에 들어갈 준비가 되어있다. 싱싱하게 잘 마른 멸치라야 국물도 맛나게 우러난다. 비린내 없이 맛을 내기 위해 먼저 찬물에 담겨야 하는 게 첫 시련이다. 서서히 불기가 올라올 즈음 멸치는 푸근하고 따뜻하여 움츠렸던 몸피를 늘리며 기지개를 켠다. 잠시의 평온기를 거쳐 물이 끓을 즈음이면 멸치는 뼛속까지 열어주며 요동을 친다. 어느새 맛은 국물로 빠져나가고 멸치는 흐물흐물해진다. 불기운이 잦아들면 멸치는 탕 아래로 힘없이 가라앉는다. 이 때면 탕을 떠나야 할 때라고 연륜의 힘으로 감지한다.
 분리의 시간이 도래하고 아들의 인생탕에서 건져내지는 것이 당연한 데도 서운하다. 멸치엄마는 맛이 잘 우려져 나갔는지 수시로 맛을 확인하고 싶어 하며 쓸데없이 걱정한다. 자식은 가끔 흐물거리는 멸치와 마주치면 왜 저래야 하나 의문을 품고 살 뿐이다. 맑고 구수하게 우려진 국물에 맛 빠진 멸치가 얼찐거리는 일은 자식 '인생탕'을 볼품없게 만든다. 외진 자리에서 흐물거리는 멸치와 동무하며 인생을 말해야 한다.

  마른 멸치는 국물 속에서 뜨거운 꼴을 보거나, 고추장에 찍혀 매운 맛을 보거나, 프라이팬에 볶이며 시달리지 않고는 존재 가치를 발현하기가 어렵다. 먹히기 위해 잡혔으니까.

'훌륭한' 콤플렉스

"나는 녀석에게 인간이 어떤 일을 할 수 있는지, 또 얼마나 참고 견뎌낼 수 있는지 보여줘야겠어."

헤밍웨이의 작품 『노인과 바다』에 나오는 어부의 대사다. 노인의 꿈은 마지막까지 자신을 훌륭한 어부라고 믿었던 소년에게 틀리지 않다는 것을 보여주고 싶었다. 아, 훌륭한 어… 나는 까마득하게 잊고 지냈던 '훌륭한'이란 단어가 기억에서 되살아났다.

나는 성장기에 '훌륭한'에 대한 콤플렉스가 있었다. 초등학교 교과서에서 만난 훌륭한 분들의 이야기는 나를 꿈꾸지 못하게 했다. 주로 나라를 위해 목숨을 아끼지 않은 독립투사들 이야기가 앞장섰고 매주 월요일 조회시간 훈화에 애국자가 될 것을 강요받기도 했다. 그분들의 삶을 상상하기에는 너무나 무서웠다. 그렇게 훌륭하게 되지 않고 행복하게 살고 싶었다. 백성들에게 옷을 입히기 위해 목화씨를 가져와서 오늘날의 면섬유를 입도록 도운 문익점은 붓뚜껑에다 목화씨를 숨겨서 가져오느라고 마음고생을 했다. 나는 공포스러웠다. 해서는 안 되는 일을 하면서라도 조국을 사랑해야 한다면 나는 큰 인물이 되기는 어려울 것 같았다. 대동여지도를 그린 김정호는 집안이 어떻게 돌아가는 줄도 모르고 팔도를 돌며 지도 그리는 일에 몰두하였으니, 어린 나로서는 그런 가장을 존경할 수가 없었고 긍정적인 인물로 꿈꿀 수조차 없었다.

당시 내 마음에 공명을 일으킨 인물은 방정환, 나이팅게일, 페스탈로찌, 슈바이처, 베토벤 같은 분들이었다. 그분들 덕분에 선생님, 간호사, 사회사업가 등의 직업적 세계를 넘어다보다가 사회에 나와서 첫 직업은 교사였다. 그러나 1년 봉직하고 사표를 낼 때, 교감 선생님은 끝까지 나를 만류하였다. 훌륭한 교사를 한 분 잃는 것은 국가로서도 손해이고 자라는 어린이들에게도 손실이 큰데 왜 그만두려고 하느냐고 따져 물었다. 교육계에 투신해서 한번 살아볼 만하다고 진지하게 나를 달랬다. 한참 어린 선생에게 진심을 보여주었으며 인생을 이야기 해주었기에 내게는 그분이 훌륭한 어른으로 기억된다. 나는 교직을 떠났고 어디서 무엇을 하건 '훌륭한'이란 단어를 의식하며 살았다. 일상의 본질과 그 외적인 가치에 대해 정의를 내려보고, 어떻게 발전하여 지금에 이르렀는지를 생각하였다.

생각의 한계는 자연스럽게 찾아오고 그럴 때면 반드시 전문서적을 들추었다. 본격적인 신앙생활로 접어 들어서는 신앙의 본질이 영적 구원에 있으며 성당에 가는 횟수에 비례하지도 않고, 봉사의 양과도 무관하며, 다만 일을 통해서 서서히 물들어가는 신심효과는 배제하지 못할 가치라고 이해되었다. 나는 내면의 자유를 위해 다양한 교육을 받고, 책을 읽고, 성서공부를 하면서 얻은 만큼 내어주는 일에도 게으르지 않았다. 어느새 '훌륭한 신앙인'에 매달렸다. 그 '훌륭한'이란 단어가 나를 끔찍하게도 따라 다녔다. 출발할 때는 강렬해도 탄력이 붙으면 내가 왜 시작했으며 이 일을 왜 이렇게 열심히 하는지를 잊고 만다. 아마도 훌륭한 사람에 대한 콤플렉스가 내면에 길을 내고 나이와 무관하게 나를 찾아다니며 종용했던 것 같다.

최근에는 은연중에 '훌륭한 노인'에 대해 생각을 해보는 중이다. 서서히 생각이나 일의 속도가 줄고 피로도가 단위시간 당 높아지며 기억력이 약화되기는 해도, 아직 살아가는데 어려울 것까지는 없다. 그래도 아픔이 쳐들어오기 전에 면역이란 힘을 길러두어야 한다는 정도로 이해한다. 다가오지도 않은 앞날에 대해 지레 겁을 먹고 놓아버린다면 허무할 것 같아서 각단지게 안팎의 생활을 개선하여 내가 정한 메뉴얼대로 살아내는 것이 훌륭한 노인일 것 같다는 결론에 이르렀다.

우수가 지나고 나니 내 생각에도 물이 오르는가 보다. 이제는 가기 싫은 꽃샘추위만 남은 것 같으니 조만간에 봄날은 간다는 노랫가락이 퍼질 것이다. 훌륭하게 봄을 맞이하기 위해 섭생을 충실하게 하고 무리하지 않도록 일상을 조율하기로 한다. 직삼각형의 수형으로 치우쳐 자라면서도 왕소나무로 관록을 자랑삼던 괴산의 노소나무도 결국 블라벤 태풍에 쓰러졌으니 일상을 균형잡는데 수고를 아끼지 않아야 할 터이다.

(2019. 한국아파트신문)

쥐 젖

 쥐젖, 말랑말랑하고 갸름하게 생긴 게 마치 피부에 돋은 보푸라기를 닮았다. 매끈해야할 목 주변으로 고루 퍼져서 볼품이 없다. 쥐의 젖꼭지를 닮아서 지어진 이름인가. 자꾸 발음해보니 야릇하다. 내가 쥐띠이다보니 엉뚱한 상상력이 확대되어 판타지 만화가 태어나려고 한다.
 그것은 아프지 않아서 오래 감각 없이 방치하게 되었다. 게다가 겨울에는 옷 속에 감추어져서 있어서 제거하고 싶은 힘을 약화시키고 눈이 나빠져서 웬만한 것은 잘 보이지 않는다는 게 방치한 주원인이다. 의술이 발달되어 마음만 먹으면 손쉽게 제거할 수 있는데도 목 주변과 귀 뒤에까지 널리 퍼져서 쥐젖 세상을 만들어버렸다. 세어보면 자그마치 100개도 넘을 것 같다.

어쩌다 거울에서 마주치면 싫어서 자꾸 만지작거렸다. 조금 큰 것을 잡아 비틀어 보기도 하고, 손톱으로 끊어보려고 시도도 해보았다. 잡아당겨서 시뻘게지는 것은 은근히 못마땅함을 증명하는 행위였다. 그러면서도 미용에 민감하지 않다고 핑계를 대면서 병원에 가지 않았다. 내 몸의 쥐젖이 위기를 맞았다.

최근에 여동생들과 브루나이로 여행을 갔다. 나이가 들어도 자기 얼굴을 정성스럽게 가꾸는 동생들 눈에 내 목의 쥐젖이 곱게 보일 리가 없다. 강남 사는 언니가 맞느냐는 핀잔을 들었다. 너나없이 볼품없는 것들을 제거하는데 미루지 않는 세상이다 보니 쥐젖 없애는 것은 씹던 껌 뱉기보다 더 쉬운 일로 보이는 것 같다. 심지어 요즈음에는 남성들도 이미지 관리에 가세하여 말쑥한 얼굴로 변신하기도 하여서 내가 지탄을 받은 게 이상하지는 않다.

나는 아주 교묘하게 병원갈 일을 피한다. 내 몸에 기계를 댄다거나 약물을 대는 것이 싫다고 말하지만, 실은 야릇한 거부감이 커서이다.

그러자니 암묵적으로 시술 같은 것을 하지 않겠다는 말 대신 '쥐띠니까 쥐젖이 있지' 하면서 애정 아닌 친밀감을 조성하여 목둘레를 '쥐젖 세상'으로 만들어버렸다.

하지만, 이제는 몸에 후유증이 없다면 없애는 게 치료라고 이해되어 시술하기로 작정하였다. 마음을 먹고 이틀이 지나 피부과로 발걸음을 옮기는 나를 보았다. 이때까지만 해도 거부감이 밀고 올라오는 줄 몰랐다.

　내가 그 병원으로 갈 때도 여자의사라서 선택했다. 병원 문에 들어서는 순간, 이미 나는 무의식의 장애를 받으며 긴장하고 있었는가 보다. 간호사에게 말을 걸면서 희희덕거리고, 레이저 시술을 받는 중에도 끊임없이 의사에게 무슨 말인가를 하고 있었다.

　아마도 불안기가 올라오는데 그러한 심정을 들키지 않으려고 희희덕거리고 의사에게는 말을 하며 견뎌낸 것 같다는 생각이 들었다.

　나는 말을 걸고 웃는데 의사는 묵묵히 쥐젖을 떼어내는데 집중하였다. 장기를 떼 내는 수술도 아니고, 거창한 흉터를 없애는 수술도 아니다. 의사는 레이저 기기를 들고 반복되는 동작을 하니 위험할 것도 없어서 긴장할 것도 없다.

　나는 집에 돌아와 그런 내가 마음에 들지 않아 속이 상했다. 시술하는 의사에게 묻지도 않은 말을 무엇 하러 그렇게 했느냐고 나에게 다그쳤다. 그리고 이틀이 지났다. 놀랍게도 한 가지 짚이는 게 있다.

　쥐젖의 존재감이 적기는 하나 그 모든 게 다 내 마음의 깊은 곳에서 올라오는 쥐젖 크기의 불안기였던 거였다.

　나는 의사의 하얀 가운에 대한 트라우마가 있었다. 그래서 병원에 대한 거부가 심한 편이었다. 나도 모르게 대체의학과 친숙하고 평소에는 병원에 가는 일을 만들지 않으려고 운동도 열심이었다.

그러나 그림치료 덕분에 원인을 찾았다. 어린 시절 교통사고 후 진단 차 정형외과 의사 앞에 벌거벗겨진 것이 심리적 상처가 되었던 거였다. 하얀 가운을 입은 의사만 보면 마음이 불편해지고 긴장감이 돌았다.

알면 인식을 새롭게 하므로 증세가 급격히 완화된다. 그 후로 병원 가는데 지장을 받지 않았다. 병원에 가기 전에 의사가 하얀 가운을 입어도 이제는 괜찮다고 자기암시를 하고 가서 그랬을까. 아무렇지 않았다. 그러나 이번에는 여자의사이고 그럴 일은 없을 것이라고 방심하다가 내적 상처 부위에 쥐젖만큼 남은 불안이 치고 올라온 거였다.

쥐젖을 제거하고 나오는 순간, 나는 불안으로부터 도망나오 듯 '온순한 아이'가 되었다. 의사에게 수고했다는 인사를 정중히 하고 나왔다. 동생들에게 쥐젖 소탕을 하였다고 카톡으로 보내고나니 모든 것이 개운해졌다.

그 쥐젖은 연한 피부나 사타구니나 유방 아래처럼 접힌 자리에서 돋아난다. 의학적 상식과 무관하게 내 견해로는 내부에서 불필요한 것들이 다 소모되지 못하다가 흐름의 방해를 받는 부위에서 겉으로 들추고 나온 것 같다는 느낌이다. 점은 운동을 열심히 하여 혈액순환이 잘 되면 생겼다가 사라지기도 하는데 한번 돋은 쥐젖은 사라지거나 들어가지 않는 속성을 가졌다.

나는 쥐젖에서 온전히 지워지지 않은 죄성이나 온전히 낫지 않은 심리적 상처를 보았다. 돋은 모양새나 착색된 것을 제거하고 기분이 좋아진 이유를 이제 알 것 같다. 그날 하얀 가운 입은 의사 앞에서 시술을 받는 방이 영적으로는 '성당의 고백소'와 다를 바가 아니다. 없앤 쥐젖이 개운한데, 아직은 딱지가 앉기 전이라 울긋불긋 볼썽사납다. 고백성사 후 보속 기간인 게다. 세수하지 못하는 어려움 때문에 견뎌야 하지만, 조금만 참으면 오톨도톨한 목이 매끈하게 재탄생되어질 것이니 나에게는 희망의 시간이다.

(2018. 수필시대)

짬짜면 한 그릇

　짬짜면 한 그릇에는 심리학 한 강좌가 담겨있다.
　음식 주문을 할라치면 볶음밥과 짜장면, 짬뽕과 군만두로 나뉘며 특별한 날에는 그 가운데에 탕수육이 등장하곤 한다. 다른 사람과 달리 유독 짬뽕파와 짜장면파는 주문할 때 결정 장애를 일으킨다. 이것을 시키면 저것이 먹고 싶은 사람의 심리를 파악한 누군가가 사람의 욕구 충족을 위해 마음을 쏟다가 두 가지 음식을 한 그릇에 담아내도록 그릇을 개발하여 두 가지를 함께 먹고 싶은 사람을 만족시켜준 셈이다. 결정 장애자들에게 다가온 선물이다.

　짬짜면 한 그릇에는 의식혁명이 담겨있다.
　창의적 발상을 일삼는 사람이 없었다면 짬짜면 그릇은 태어나지 못할 운명이었다. 다양하게 먹고 싶은 사람을 위한다면 얼마든지 그릇은 바꿀 수 있다는 의식전환으로 하여 태어났다. 누가 왜 의식을 바꾸는지에 따라 문화에 변화의 바람이 일고 충족도가 높아지면 역사에 한 획을 긋게 된다. 사람들의 욕구를 읽을 줄 알아야 역사를 바꾸는 주인이 된다.

짬짜면 한 그릇에는 색과 맛이 다른 역사의 상징이 담겨있다.
가운데 칸을 중심으로 음식이 달리 담기듯, 서울이란 그릇에 한강을 사이에 두고 강남과 강북이 담겼으니, '짬짜면 서울'로 서울을 이분화하여 표현한 건축학과 유현준 교수는 졸지에 칸막이로 상징된 한강이 섞일 수 없는 경계선이 되고 만다. 다리는 건너라고 만들어졌고 문화는 바람처럼 불어가게 되어있다. 강북은 정도전과 박자청의 개발 정신이 깃들어 있고 강남은 계획도시 스타일로 개발되었으니 달라도 많이 다르다. 내용면이나 외관상 짜장면과 짬뽕만큼 다르다. 색과 맛이 달라서 섞이지 않게 문화를 담아야 제 맛이 난다.

강북의 부촌을 사대문 안이라고 표현하고 주거용 건축물을 집이라고 말한다면, 강남에서는 강남3구라고 표현하며 주거용 건축물의 대부분이 아파트나 빌딩이라고 명명하는 것이 지극히 자연스럽다. 이렇게 구분 짓는 표현이 소위 '짬짜면 갈등'처럼 이 시대의 확연한 갈등이지 않은가 싶다. 강북에는 짬뽕색을 닮은 단청색이 깃든 궁이 있고 강남에는 짜장면처럼 외벽으로 덮어버린 고층빌딩이 위용을 드러내고 서 있어서 서로 다른 특징을 보여준다. 그러고 보니 나는 강남에 거주하고 살면서 강북의 개성이 담겨 있다. 종로와 명동, 인사동 문화가 내 역사의 밑동을 차지하고 있어서일 것이다.

짬짜면 한 그릇에는 대조란 의미가 담겨 있다.
짜장면의 단색과 짬뽕의 다채로운 색감은 시각적으로 구별된다. 걸쭉함과 국물로도 대별된다. 먹을 때 비비는 손길과 건지는 손길로 갈린다. 짜장면의 부재료는 깍둑썰기를 하고 짬뽕의 부재료는 채썰기를 하여 구분되고 짜장면에서는 야채색이 짜장에 묻힌다면 짬뽕에서는 색이 다 드러난다. 짜장면에서는 통일성이 두드러지고 짬뽕에서는 개성이 두드러진다. 짜장면에는 돼지고기가 쓰여서 흙냄새를 연상할 수 있고, 짬뽕에는 해산물이 쓰이므로 바다내음을 맡을 수 있다. 그러므로 나의 취향은 바다 냄새와 다양한 색채가 드러나는 것으로 확실해진다.

짬짜면 한 그릇에는 하늘 사랑과 땅심, 사람 손맛이 담겨있다. 식문화의 대륙 이동 역사가 들어있다. 짜장의 진화력이 들어있다. 졸업식 풍경이 전래동화처럼 엮여져 전해 내려오고 숱한 사연을 근대사 안에 흘려냈다.

근대사의 외식으로 등장하는 짜장면은 연예인이나 작가를 특별하게 만들었다. 만화가 허영만, 작가 정진권과 이상보는 짜장면을 매체로 쓴 작품으로 유명하다. 특히 대본 중 "지나간 짜장면은 다시 돌아오지 않는다"는 대사로 유명해진 연예인 한예슬도 그 한 예이다.

 국민애용 음식이 된 짜장면을 나는 거부했다. 음식 맛이 싫어서가 아니라 입술에 칠해지는 검은 색이 민망하고 옷에 짜장면 가락이 꼬리를 치면 볼썽사나워서 기피음식이 되었다. 이래저래 자주 먹으면서 친해진 짬뽕은 식재료의 개성이 덮이지 않아서 좋다. 요건 새우, 요건 홍합, 요건 오징어 하면서 한 점씩 집어먹는 재미도 곁들여져 있다. 뒤집어도 식재료가 그대로 드러나서 나는 좋다. 색스런 음식스타일도 나는 좋다. 재료의 투명성이 좋은 것처럼 나의 글 개성도 투명성으로 분류해준다. 음식에 글맛을 들러붙여보는 재미가 짬짜면으로 하여 아주 쏠쏠하다.

(2019. 한국아파트신문)

쓴 사탕, 단 사탕

 토요일, 사탕을 사러 대치동의 은마상가로 갔다. 금기음식이라고 생각되어 사본 적이 없으나, 중창단에서 노래 연습을 할 때, 목을 녹이는 연육제용으로 사탕이 필요하다. 나는 약간의 비상금과 카드를 들고 나갔다가 이것저것 골랐더니 돈이 모자란다. 카드를 내면 10%가 가산된다는 말에 은행에서 계좌이체를 하기로 했다.
 대치동 은행에서 입금을 시키고 전철을 타러 내려왔는데 카드가 보이지 않는다. 계단을 올라 다시 자동화기기에 가보았다. 내 카드가 없다. 뽑는 시간이 지나서 자동화기기 안으로 들어가 버린 것 같으나 믿기가 어렵다. 나중에 귀찮더라도 일단 분실신고를 했다. 마지막 결제내용이 안내된다. 사탕 값이 지불되지 않았다. 낭패다. 나는 다시 상가로 들어가서 사정을 이야기 하는 도중에 가게 주인이 들어온다. 방금 돈이 들어왔다는 거다. 기계에 대고 뭐라 할 수도 없고 숨이 차다.

월요일이다. 9시가 되자마자 자동화기기 담당 직원에게 카드 확인 차 전화를 걸었다. 기다리라고 한다. 나만 급했다. 기다려도 연락이 없다. 조급하여 다시 전화를 걸어 확인하였다. 찾으러 오라고 한다. 이번에는 분실신고 취소를 하려는데 또 기다리라고 한다. ARS에 맞추어 일처리 하는 게 우리에게는 가장 불편한 일 중의 하나이다. 이때 눈치 빠른 여직원이 해주겠다고 문서를 내밀며 서명을 하라고 한다. 정신적 부담을 덜어 주는 구세주다.

"사고가 친절을 만나니 행복으로 이어지네요."

이 말을 하는 순간, 고인이 되신 공덕룡 선생님이 생각났다. 몸이 불편해서 잘 걷지 못할 때, 문학 행사 차 지방에 갔다가 돌아오며 양재역에 덩그러니 내려졌다. 그분은 그 자리에 눈사람처럼 서 있었다. 나는 멀리서 눈여겨보고 있다가 슬그머니 다가갔다. 청담동이 집인데 분당으로 간다고 말하면서 분당으로 가는 버스 정류장까지 모셨다. 놀랍게도 모든 버스들이 지팡이를 짚은 선생님을 피해 달리고 있다. 선생님은 무안하여 헛기침을 하면서 내 이름이 무어냐고 물었다. 나는 얼른 눈치를 채고 모범택시를 세워 내가 대금을 지불하고 보내드렸다. 그날의 그 무안해 하시던 느낌이 방금 나를 스쳐갔다. 젊은이 앞에서 고마움을 말하기는 했지만 실은 어눌한 자동화기기 사용에 서툰 나를 들킨 것이 무안했다.

세상에는 때가 되어야 아는 것들이 참 많다. 입찬소리 하지 말고 살자고 내게 경고를 하고, 다음 코스인 양재동과 강남구청으로 향한다. 3호선을 탔는데 압구정로데오역점 은행에서 내점하라는 전화가 왔다. 도곡역에서 9호선으로 갈아탔다. 가다가보니 반대로 가고 있다. 수서역에서 내려 다시 반대쪽으로 가기 위해 걷는다. 반복되는 실수지만 나를 미워하지 않기로 했다.

'살다가 그럴 수도 있지 뭐.'

애써 진정하고 돌아오다가 모퉁이의 옷집에서 개성 있는 치마를 하나 발견하였다. 겨울에 내복을 입기 위해 무릎을 덮었다는 느낌보다 개성 있게 입었다는 느낌이 드는 긴 치마를 찾던 중이었다.

'아 이 치마가 나를 이곳으로 불렀구나.'

만난 김에 구매를 하였다. 짐이 하나 늘었다. 간신히 기분을 회복하여 걷다가 전철을 다시 타려고 보니 또 카드가 보이지 않는다. 순간 머리가 멍해졌다. 금방 찾아온 카드를 금방 잃다니 슬금슬금 화가 올라오려고 하는데 애써 진정한다.

'아 오늘은 이런 방식으로 오락가락 하면서 운동량을 채워야 하는가 보다.'

나는 빠르게 걸어서 옷가게로 갔다. 주인은 영수증과 함께 탁자에 얌전히 놓인 카드를 가리킨다. 고맙다고 인사를 하며 조금 전에 구입한 치마와 맞는 윗옷을 하나 더 구입했다. 카드를 깍듯이 돌려준 감사의 인사인 셈이다. 주인은 당연한 일인데 허겁지겁 오지 않아도 되었을 것이라고 말하며 나를 보더니 검은 재킷을 하나 권해 준다. 하나 남았는데 사이즈가 맞을 것 같으니 그냥 만원만 주고 가져가라고 한다. 이것은 횡재 수준이다. 어느새 놀랐던 가슴이 진정되고 나는 가게를 나선다. 다시 진정되었다.

  나는 3호선을 타고 양재역에 내려 일을 보고 압구정로데오 역으로 가려고 했는데 이번에는 점심시간이 걸렸다. 병원에서 1시간을 기다릴 수가 없어서 다시 도곡역에서 9호선으로 갈아타고 압구정로데오역의 은행으로 갔다. 일을 속결 처리하고 강남구청에서의 일도 금방 처리하고 양재동 병원으로 다시 향했다. 도착하여 보니 문 닫기 15분 전이다. 몸을 낮추고 처방전을 받았다. 약국에 들렀다. 연신 코가 근질거리고 재채기가 나오려고 한다. 이때 핑크빛 항균 마스크가 눈에 띄었다. 가격표를 보니 3만원이다. 카드를 내밀며 너무 비싸다고 조금 깎아 달라고 했다가 말 본전도 못 챙겼다. 그냥 샀다.

  나는 밝은 가을 날, 핑크빛 마스크를 쓰고 양손에 짐을 들고 힘을 내어 걷는다. 하루 종일 얼마나 계단을 오르내렸는지 다리가 뻐근하다. 터미널에서 집으로 가는 7호선으로 환승을 마치자 졸린다.

  눈을 떠보니 어느새 전철은 청담역을 지나 뚝섬역을 향하고 있다. 제발 마지막 꼬임이기를 바랐다. 되돌아 타고 청담역에서 내려 집에 오는 길에 생각한다. 엄청난 금액이 아니면 10% 가산금을 내고 말 걸 후회가 되었다. 다른 동네라서 모든 게 긴장되었을 수도 있다고 나를 위로해 주었다. 연거푸 오는 실수에는 그 전의 실수가 전제되고 그러한 것들이 반복되면서 계속 꼬이는데… 걱정되고 피곤한 정도로 친다 해도 조금 무리한 하루였다.

집에 와서 핸드폰을 열었더니 카드결재 승인 금액 중 3천원이 뜬다. 내가 3천원을 사용한 적이 없는데 이게 뭔가 생각하다가 그만 기막힌 사실을 발견하였다. 마스크 값이 3만원이 아니라 3천원이었다. 울고 싶었다. 그 약사는 나를 3천원짜리 마스크 값을 깎는 노인으로 보았을 게 아닌가.

그날 밤 사탕 맛은 썼다.

밤이 지나고 화요일이다. 그 사탕을 나누어 먹고 노래를 불렀다. 목소리는 부드럽고 달달하다. 이 사탕이 여기까지 온 내막을 모르는 옆 사람이 "목소리가 곱네요." 하면서 웃어준다. 인생이다.

금요일, 환매된 ELS 상품의 내역이 문자로 들어왔다. 그날 일이 꼬인 이유를 알아냈다. 환매조건이 맞으면 6개월에 환매되는 상품인데 자그마치 30개월 동안 묵혔다가 수익을 내고 나오는 바람에 감정이 확실하게 흔들렸다. 단 한 번도 원금 손실이 없었다고는 하지만 원금손실이 있을 수도 있다는 문구가 걸려서 나도 모르게 걱정을 했던 보다. 눌린 기운이 일어나며 교란을 일으켰는가 본데 수익금은 평소의 5배라 내가 놀랐다. 기다린 세월은 금세 잊었다.

충분히 이해된다. 나는 하늘만 보고 살 수도 없고 땅만 보고 살 수도 없다. 오늘 어지럽도록 흔들리는 나를 보면서 확실히 현실에

발을 딛고 사는 사람이라는 것을 확인했다. 그 흔들림으로 그 정도의 실수나 다리품은 얼마든지 눈감아 줄 수 있다.

  가방 속에 넣어둔 사탕 한 알을 꺼내 오물거린다.

  이제야 사탕이 달다.

(2018. 한국아파트 신문)

그녀가 보고 싶다

 나는 자식을 보물로 표현하며 키웠다. 그러나 모든 사람이 모든 부모에게 다 그렇게 축복받고 태어나지는 않는다. 태어나는 순간이 위기인 사람도 있고 버려지는 인생도 있다. 그러한 출발선에서 가지는 어둠이 일생 동안 거북이 등딱지처럼 들러붙어 무겁게 살기도 한다.
 딸이라서 태어나는 순간 첫 숨부터 고통스러웠던 아기를 어른이 되어 만났다. 그녀의 세월에는 늘 답답함이 문제였다. 힘겨움의 근원지를 찾고 싶어 50년 인생을 살고 인간계발 프로그램에 참여하면서 만났다.
 강의를 듣고 난 다음, 10명 정도가 집단 워크숍을 하게 되는데, 꾸준히 자신의 내면을 들여다보고 성찰하고 타인의 이야기도 들어가면서 왜 자신은 남과 다른가를 생각하며 치유해나간다. 사람이 몇 번의 교육으로 문제의 발원지를 찾기도 어렵거니와 자신을 개조해나가는 일도 만만치 않게 어려운 일이다.

나는 정규 교육 후에도 일주일에 한 번씩 팀원을 만나 집단 워크숍을 7년간 이어갔다. 교재를 업그레이드 해가며 각자의 삶을 조련하도록 안내하고 해체했다. 놀랍게도 태어난 운명을 바꿀 수는 없어도 자라면서 커지는 상처를 줄여가며 팀원 모두 폭풍 성장하였다. 그 변화는 무서울 정도였다. 빠르게 속내를 보이고 자가 수정하는 사람일수록 변화의 속도도 빨랐다.

그들 중 한 여인은 성격도 온순하고 창의적인 사고를 가졌는데 자주 아프고 폐쇄공포증으로 여행을 다니지 못한다. 버스나 전철도 타지 못하니 비행기는 언감생심 꿈도 꾸지 못한다. 딸도 낳지 못한다고 투정을 듣는 세상이 되고 여성의 사회적 입지가 높아진 세상에서 여행을 다닐 수 없다는 스트레스만 해도 그녀를 힘들게 하였다. 다양한 욕구가 정체되어 힘겨워 하더니 급기야 자궁경부암이란 병명을 얻고 말았다. 특이체질로 수술도 하지 못하고 고스란히 견뎌야만 했다. 나는 마음이 급해졌다. 학습과 상담만으로는 기억 초기의 내면을 정직하게 볼 수가 없어서 그림치료를 시도했다. 본인이 의식하지 못해도 무의식이 건드려지면 기억 속의 감정이 의식의 수면 위로 올라와 그림으로 그려내기도 한다.

미지근한 우유를 먹이고 겉옷으로 그녀를 감싼 다음 명상으로 들어갔다. 그런 다음 마음을 바라보고 그리도록 안내하였다. 그녀는 발육 초기 지점의 자리에 검은 색을 진하게 칠했다. 칠하는 동안의 얼굴은 점점 어둡게 변하더니 얼른 눈을 떴다. 나는 그녀의 출생 내막이 알고 싶어졌다. 어머니에게 묻지 말고 출산의 내막을 알 만한 사람에게 슬그머니 물으라고 권했다. 그리고 그녀는 이모의 증언을 들었다.

그녀의 어머니는 태어날 아기가 여아일까 봐 두려움에 떨면서 출산일을 기다렸다. 출산 순간, 여아라는 것을 알고 그만 앉은뱅이 책상 밑으로 아기를 밀어 넣고 아기에게 수건을 덮었다. 하지만 이내 모성은 회복되고 수건은 걷혀졌다. 그 경험은 트라우마가 되어 어딜 가나 공기가 텁텁하거나 답답하면 모질게 울어댔다. 삶은 그렇게 이어져도 그녀는 자라면서 자신이 견딜만한 조건만 수락하면서 어른이 되었고, 결혼도 하였다. 하지만 폐쇄공포증은 나이가 들수록 심해가고 병까지 얻었으니 사는 것을 힘들게 조여 왔다. 원인을 알았으니 걱정할 일은 줄었다. 먼저 어머니의 고충을 이해하고 아기로 고통 받은 자신을 보듬어주고, 그로 인하여 파생된 인생의 파편을 거두어들이는 일만 남았다.

나는 비행거리가 짧은 중국으로 여행을 다녀오라고 권했다. 아무리 죽을 것 같아도 절대 죽지 않을 것이니 심호흡을 한 다음 하느님께 맡기고 비행기를 타라고 권했다. 그리고 성공적으로 여행을 마치고 돌아왔다. 안다는 것은 절반의 치유다. 그녀는 신혼여행도

생략했을 것이기에 이벤트를 하나 더 주문하였다. 정성을 들여 신부화장을 하고 남편에게 보석반지도 하나 청하고 자신이 가장 아름답게 보이는 웨딩드레스를 골라 입고 남편과 웨딩사진을 찍은 다음 다시 정식으로 여행을 다녀오라고 권했다.

폐쇄공포증이 사라진 다음의 일들은 무엇을 해도 룰루랄라였다. 그녀는 그 이벤트를 성사시키고 참 많이 행복해했다. 이러한 변화에 몰입되어 있다가 건강검진을 받았는데 그녀의 몸에 있던 암덩어리가 사라졌다는 이야기다. 큰 감동은 치유를 부른다. 그녀의 기도는 얼마였고 그녀가 올린 미사는 몇 번이었을까. 우리는 7년 만에 해체하였다. 이따금 자녀들 결혼 때 얼굴을 보았지만 그녀는 볼 수 없었다. 나는 요즈음 그녀가 보고 싶다.

(2019. 한국아파트신문)

물 집

　미국의 딸을 만나 스페인으로 함께 여행을 다녀온 선배가 끙끙 거린다. 발가락에 물집이 생겼다는 소식이다.
　수필교실의 P가 결석한 이유도 물집 때문이었다. 한 쪽 팔에 굵직굵직한 물집이 여러 군데 생겨 응급실에 다녀왔다는데 알고 보니 약물중독이었다.
　A는 입 가장자리에 물집이 생겨서 여러 날 고생을 했다고 하는데 여전히 눈이 퀭하다.
　B는 건강검진 결과 췌장에 물집이 몇 개 생겼다는 이야기를 들려주었다.
　물집, 물이 제자리에 있지 않고 밖으로 비어져 나온 현상이 물집일 터, 그것은 거부의 몸짓, 한계를 넘었다는 사인, 안 맞는다는 무언의 반발, 버겁다는 몸말이다.

　거부하고 싶은데 참고, 한계를 알면서도 무리하고, 잘 맞다가 안 맞게 되는 날이 오고, 버거운 데도 어쩔 수 없이 견딘 인생에도 어딘가에 물집이 있을 것이란 생각이다. 더 수용할 수가 없고, 쉬고 싶고, 무리가 온다면 잠시 머물러 물집을 찾아보는 시간이 필요하다. 욕구충족이 되지 않아 그 물집이 잡히는 줄도 모르고 살다가 물집에 인생이 넘어진 친구가 있다.

　10대에 만난 친구가 학창 시절이 끝나고도 줄곧 만남으로 이어졌다. 삶이 제자리를 잡아가는 동안 우리는 각자의 일터에서 종종 연락만 주고받다가 20대 후반에 들어서서 주기적으로 만나곤 하였다. 어찌되었건 타인의 눈에 우리는 절친으로 비쳐졌고 60대까지 잘 지내다가 친구의 인생에 먼저 물집이 생겨 버렸다. 처음에는 기질이 달라서 서로에게 매력으로 비쳤다면 세월이 가면서 기질대로 열매가 맺히는 것을 보면서 친구는 견디지 못했다. 자신이 살리에르라고 대놓고 말해도 나는 그 말에 대해 반발도 하지 않았다. 본인이 힘든 부분이므로 투정을 부리다 말겠지, 지나가는 소나기 발언으로 이해하였다. 이미 그 말도 '물집'이었다. 결국 친구는 얼마 지나지 않아 그 물집이 터지고 말았다.

　"어지간히 좀 해라. 못 따라 잡겠다."

　결국 따라잡고 싶은 욕망이 그녀를 괴롭혔다. 의식에 물집이 생기자 곳곳에서 불거졌다. 타인의 인생을 바라보기 전에 자신의 개성을 먼저 챙겨야 했다. 만약 함께하기가 버겁고 숨차면 자신의 걸음걸이를 먼저 인정해야 했다. 타인에게 그만 좀 하라는 주문은 이루어질 수가 없다. 단순하게 가지를 펼치는 오동나무 속성인 친구가 섬세하게 잔가지를 많이 내는 단풍나무 속성의 나를 다르게 이해하지 못했다. 섬세한 이파리, 곱게 물드는 변화, 우수수 떨어지는 단풍 잎 등을 들먹이며 투덜거린 셈이다. 기어이 인간에 대한 이해는 되어도 수용이 불가능한 경지로 치닫고 말았다.

그 인생에 생긴 물집은 결국 잘 다스려지지 못했다. 폐암이란 진단을 받고 한동안 치료가 되는 듯 5년 가까이 견디어 내더니, 그만 완화치료실로 입실하고 말았다.

아프기 전부터 친구는 버겁다는 말을 다른 친구에게 나누더니 슬그머니 종교를 갈아타고 일상을 전폭적으로 바꾸어버렸다. 그것도 친구의 선택이므로 잘 살기를 간절히 바랐고 시시콜콜 알고 싶어지지 않았다.

그녀는 5년여 동안 추적치료로 견뎌내다가 더 이상 약이 듣지 않아 항암치료를 하려다가 멈추었다. 뇌와 뼈로 전이되어 치료가 진행되어지지 않았다.

이승에서 저승으로 가는 환승역에서 그녀는 머물고 있다. 그녀는 다시 천주교로 돌아와 고백성사와 병자성사를 받고 진통제로 통증완화를 하고 견딘다. 다 내려놓은 친구에게서 비로소 평화를 보았다.

어둠이 짙어가는 옆 침대의 환자가 불안을 재촉한다. 시간이 흐를수록 고통의 정도가 눈에 띄게 달라지는 것을 보면서 한 순간순간이 그렇게 소중할 수가 없다고 토로한다. 누가 이 마음을 알 수 있을까. 건강하게 살아서 숨을 편하게 쉬고 웃는 내가 그 친구의 심정을 얼마나 이해할까.

나를 엄마처럼 의지하며 응석부리더니, 저 먼저 시집보내놓고 날더러 시집가라더니, 하늘나라도 저 먼저 가고 싶었던가. 그녀를 멀리 두면서 내 마음에 물집이 셀 수 없이 생겼다가 아물지 겨우 3년여, 개성화로 가는 마지막 길목에서는 서로 잡은 손을 놓을 수밖에 없다는 것을 알고 있었기에 나는 기도와 시간에 의지했다. 역사는 기억 안에 남아있어도 우정은 물러갔다. 아니 흐려졌다. 생각마저 나지 않은 날도 있었다.

그러나 다시 생긴 내 인생의 물집 몇 개로 요즈음 종종 삶이 따끔거린다. 아니 수시로 아린다. 그러나 하나씩 터뜨려 약을 바른다. 힘들지만 아무르리라. 나는 고이지 않고 흐르기 위해 기도로 물꼬를 튼다.

묘하게도 물집 잡혀본 나는 다른 사람의 물집이 잘 보인다. 경험이란 안경에는 그런 기능이 있다. 개수와 크기의 문제이지 어느 누구에게나 물집은 생겼다 사라지거나 여전히 물집 인생을 살고 있을 것이다. 아마도.

인생은 苦니까. (2019. 한국아파트신문)

쇳조각 하나

하나의 사물은 그것이 만들어지기 전에는 최초의 사명에 대한 운명이 결정되지만, 태어난 후에는 사용자에 따라 사물의 운명이 달라진다. 한 방울의 물이 안약의 재료가 되기도 하고 독약의 재료가 되기도 하지만 영하의 온도에서는 존재가 차고 단단해지고 땡볕에서는 존재가 사라지기도 한다. 무엇과 만나는지에 따라, 어디에 놓이는지에 따라 전혀 다른 역할로 바뀔 수 있다.

2000년 7월 25일 미국 뉴욕을 향해 프랑스 파리의 샤를 드골공항을 이륙하던 에어프랑스 4590편 콩코드 여객기가 채 2분도 안 돼 추락하는 사고가 있었다. 이때 승무원과 승객 109명 전원이 사망하고, 비행기가 추락한 호텔의 직원 4명도 숨졌다. 눈 깜짝할 사이에 일어난 참사의 원인은 활주로에 떨어져 있던 길이 40㎝가량의 쇳조각이었다. 콩코드기에 앞서 공항을 떠난 미국 콘티넨털항공 여객기의 엔진 덮개에서 떨어져 나온 부품이었다. 활주로가 아니었다면 그 쇳조각에 눈독 들일 사람도 드물 것인데, 운명처럼 떨어진 자리 때문에 살인 무기가 되고 말았다. 대형 사고의 원인은 주로 대단하게 여기지 않던 것에서 일어난다는데 주력할 필요가 있다.

매끄럽게 잘 닦인 인생길에서도 생각 없이 흘린 말 한마디, 잘못 맺은 인연 한 사람이 '활주로의 쇳조각'이 될 수도 있다. 우연히 함께 찍힌 사진 한 장으로 곤욕을 치르기도 하고 농담 삼아 던진 말 한마디가 화근이 되어 평생 쌓은 공적이 무너지기도 한다.

이 세상에서 하찮게 여길 것은 아무것도 없다. 무엇이든 그냥 두어도 괜찮을 게 있고 반드시 치워야 할 게 있는 법이니, 두고 치울 것이 명백하게 보이도록 안정감을 가지는 것이 최우선이리라. 그래야 일상에서 실수가 줄어들고 넘어지는 일이 생기지 않고 허둥대지 않으며 물질적으로나 정신적인 허실이 생기지 않으리라.

하루를 열기 전에 내 인생의 영적 비행을 하기 위해 내 마음의 활주로를 점검한다. 그날의 성서 말씀을 묵상하고 평화로운 세상이 되기를 꿈꾸며 올리는 기도를 마친 다음, 묵상 글을 쓰고 잠시 명상한다. 말 조각, 표정 조각, 감정 조각 몇 개를 주워들었으니 사고 없이 비상하고 착륙하리라 믿는다. (2019. 한국아파트신문)

이성과 감성, 적재적소 사용법

 이름도 모르는 탤런트 부부가 낯선 프로그램에서 일상이 소개된다. 나는 잠시 화면을 정지시키고 본다. 남자의 배려가 평범하지 않다. 조금 지나자 그 이유가 보인다. 여성이 남성을 그렇게 만들어간 것 같은 인상이다. 이를테면 한 중발의 국물을 번갈아 마시더니 국물이 바닥나자 둘이 '쪽' 소리를 내며 뽀뽀로 마감한다. 지극히 자연스러워서 흉스럽지가 않다.
 아내가 여행을 떠나는데 남자가 배웅을 하러 간다. 둘은 차를 타자마자 여자가 먼저 손을 내밀어 손깍지를 낀다. 우리 부부도 손을 잘 잡는 편이라 나는 그 기분을 안다. 당분간 떨어진다는데 대한 약간의 불안막이가 되고 남편은 아내가 걱정스러운 면도 있다. 중간에 여행 파트너를 태우려고 차를 세웠는데 그다지 친절하지 않다.
"좀 도와주어야 되는 거 아니야?"
"짐을 잘 드는데 뭘."
"그래도 그렇지."
"내 여자 아니면 불친절해. 내 여자에게는 감성으로, 남의 여자에게는 이성으로 대하거든."
아내 친구는 다소 불만스러워서 태클을 건다.
"야 너 이 남자 어디가 좋아서 결혼했니?"
"단순무식한 매력."
"형은 형 식대로, 나는 내 식으로 사는 거야."
"그래도 그렇지."
"사랑하는데 무슨 머리를 써. 사랑하면 되는 거지."
머뭇거림이 없이 발사되는 언어, 지극히 간결한 표현이지만 그 남자는 분명한 자기 생각을 가지고 결혼 생활을 한다는 느낌이 들었다. 나는 아직까지 이성과 감성이란 단어를 이렇게 적재적소에 정확히 사용하는 경우를 보지 못했다. 컨닝하고 싶어졌다.

나는 41세가 되면서 내가 얼마나 남편에게 무덤덤하게 대하고 사는지를 자각했다. 사과장수가 사과 한 개만 더 주어도 다달이 수고하여 벌어다 월급을 통째로 주는 내 남자에게보다 화사하게 웃는 나를 보았다. 그냥 익숙한 내 남편이니까 당연한 듯 사는 거로구나 싶어서 그날로 자세를 바꾸었다. 그 바꿈 식은 그 달 월급을 받으면서 치렀다. 남편에게 돈 버느라고 수고했다고 말하고 고맙다고 큰절을 해주었다. 그리고 그때부터 나를 주시해보았다. 내 남자보다 다른 남자에게 더 친절하거나 마음 쓰는 누를 범하지 않기로 나와 약속을 하였다. 나의 이런 경험을 바탕으로 그 프로그램 출연자를 보았기에 보였을 것이다.

남편은 퇴직을 하고서도 이 일 저 일을 곁들이면서 살다가 72세에 이르러 일로부터 손을 떼었으므로 충격은 크지 않았다. 최근 들어 오히려 나에게 변화가 찾아들었다. 조금 무심하거나 남편의 말에 경청을 하지 않는 모습이 자주 보였다.

부부 인연이 언제까지일지 알 수 없는 세월 속에 살면서 느닷없는 일이 닥쳐서 후회하지 말고 깨달은 순간 자세를 고쳐 살기로 다시 한 번 마음을 고쳐먹는다. 이제 나도 컨닝을 하여 내적 구호를 바꾸어 보기로 한다.

'내 남자에게는 감성으로, 다른 남자에게는 이성으로!'

말을 맞나게 한 것이 아니라 부부 전선 평화롭기를 구현하고자 수고하는 자세로 보였다. 그리고 보니 새롭게 살가운 일이 생각난다.

나는 결혼하고부터 지금까지 무거운 것을 들지 않았다. 친정에 다녀오면서 들려주는 어머니표 음식물을 무심결에 내가 받아들지만, 집만 빠져나오면 이내 남편이 빼앗아 들었다. 가벼운 비닐 쇼핑주머니도 들어준다고 한다. 여자 손에 무엇인가 들려있고 남자

손이 홀가분한 것은 그림이 보기 좋지 않다는 남편 나름의 지론이다. 그것이 보자기에 싸진 것이든 새끼로 묶은 것이든 개의치 않는다. 자기 아내에게 하는데 무엇이 더 중요한가 묻는다. 그래도 그것이 그다지 멋지거나 인간미가 있다는 생각은 들지 않고 당연시했다. 그러한 행동의 마음 바탕에는 남편 특유의 변별력 있는 아내 사랑법이었는데 일찍 알아주지 않아서 미안하다. 그래도 애써 설명도 하지 않는다. 해주고 싶어서 해주면 그만이라고 말하며 마음을 두지 않는다.

어느 해에 다른 부부와 함께 해외여행길에서 상대방 아내로부터 비교가 되고 말았다. 그 여인의 말을 듣고 보니 두 남자가 조금 다르긴 했다. 상대방 남자는 무겁거나 가볍거나 아내의 손에 무관심인데, 내 남편은 속속들이 들것은 다 챙겨들었다. 남편도 습관적으로 그렇게 하고 나도 습관적으로 그렇거니 했는데 놀랍게도 다른 여자의 물건은 들어주지 않는다. 그것 또한 철칙이다.

'자기 여자에게는 감성으로, 남의 여자에게는 이성으로'를 내 남편도 철저히 지키고 살았던가 보다. 그렇게 부부 전선 이상 없이 70을 거뜬히 넘겼다.

좋은 습관은 그 사람의 인격이 되어서 자신도 모르게 행동한다. 지금은 내가 조금만 무거워도 들을 수 없는 신체조건이라 신세를 지는 형편이지만 이제야 비로소 남편의 손길에서 남성미를 본다.

다시 불편함을 즐기며

 세상에서 물리치기 어려운 일 중의 하나가 '편리함과 재미 외면하기'이다.

 30년 전에 나는 개인적으로 불편함을 고수하면서 그 가치를 즐겨보기로 했다. 5층 아파트를 걸어 오르며 건강에 대한 의미를 부여했고, 냉장고를 키우지 않으며 부지런한 삶으로 이끌려고 했다. 본디 좋은 것은 쉽게 오지 않는다는 가치를 앞세워 열심히 길들여 살아보기로 했다. 세상의 흐름을 거역하지 않는 한도 내에서 몸은 고단하지만, 천천히 동화되자는 의도이기도 하였다.
 냉장고가 작으면 저장하는 물건의 순환이 빠를 것이고, 좋은 먹거리로 식생활이 이어질 것이며, 나는 부지런해질 것이란 판단이었다. 그러나 바빼 살던 나에게 그 계단이 버거워지는 날도 있었고, 냉장고가 종종 발목을 잡곤 하였다.

　어느 날, 가정 살림을 최대한 편리하게 장착하고 직장생활을 하는 교우가 우리 집의 가전제품이나 생활도구를 보더니 미쳤다고 표현했다. 나는 기가 죽어서 내 철학을 말할 수가 없었다. 그녀는 당일로 백화점으로 달려가 큰 냉장고를 사서 배달시키고 날더러 돈을 내라고 하였다. 놀랍게도 미루었다가 즐겨서 그런지 환희심이 밀려왔다. 큰 물건이 쏙쏙 들어갈 때 속이 다 시원했다. 편리함을 맛본 나는 사는 재미까지 불러들였다. 다시 돌아가지 못할 선을 넘고 말았다. 세상 흐름을 따라 사는 것이 지나치지만 않으면 현명한 처사라는 결론도 얻었다.

　30년이 지난 지금, 나는 그 냉장고보다 더 큰 용량을 사용하고 김치냉장고까지 겸비하였다. 편리함과 사는 재미까지 갖추었으며 가족은 절반으로 줄었는데 당연하게 받아들이고 있다.

　세상에는 크기를 늘려가며 저장 문화가 확장되는 반면, 점점 좁혀가며 축소되는 양상을 보이는 분야도 있다.

　공간이동이 원만하지 못할 때 우리는 육안으로 보여지는 것만 보고 살다가 영화를 통해 다른 영역의 문화를 접했다. 당연히 실경보다 축소된 세상을 영화관에서 만난 셈이다. 새로운 문화는 바람의 속성으로 번져나갔다. 영화관 수가 늘어나고 한 시대의 영상문화를 주도했다.

그러다가 축소판 영화관인 텔레비전 문화가 등장하였다. 개인이 찾아가는 문화가 아니라 문화를 브라운관 안에 넣어 보급해주는 형식이니 새로울 수밖에 없다. 부피가 줄면 개수가 늘어난다는 것을 눈치 챈 사람이 있을 것이다. 집에서 영상 문화를 공유할 수 있게 되었으니 텔레비전의 사업성은 확장되고 그 확장세는 전 세계를 놀라게 만들어 갔다. 이로써 인간의 욕구를 연구하는 학문도 급속도로 발달하게 되었다.

텔레비전이 매력적이기는 하지만, 온도가 실감나지 않고 향기를 맡을 수가 없으니 실물 체감 정도는 둔해지고 시야는 좁아졌다. 한번 편리해진 맛을 본 사람들은 어느 곳에서나 자신이 펼쳐 보고 싶은 욕구를 실현할 수 있기를 바라다가 '스마트폰' 세상을 맞이하였다.

스마트폰은 현대인에게 만능해결사로 등극하였다. 온 세상의 정보가 그 안에 저장되어 발을 대신하고, 생각을 대신하고, 먹을 거리, 입을 거리, 즐길 거리를 무한대로 제공한다. 옹졸하기 짝이 없는 크기의 볼거리이지만 집중도는 고도로 발달하여 맛을 들이면 몰입가경이 된다. 어느새 중독증을 보이고 손에 없으면 허전하여 불안감을 호소한다.

사람들은 눈앞의 세상보다 스마트폰에 모아둔 세상 속으로 빨려 들어가 마구마구 헤엄치는데 익숙해져 버렸다. 그러다가보니 자신을 불편하게 하는 대상에 대해 견디기 어려운 특성으로 발전하여 '손바닥 안 요지경' 팬이 되고 말았다. 애나 어른이나 부담없이 빠진다. 아이들은 스마트폰만 있으면 운동장이나 놀이터를 밀어내고, 어른들은 시장과 상가를 배척하는가 하면 사람이 없어도 살 것처럼 집중한다.

 게다가 현실에 없는 이야기나 놀이 속으로 쉽게 들어가 즐길 수 있으므로 사람을 사귀는 법, 단체에서 함께 놀기 위해 지켜야 할 매너 배우기, 친교를 이어가는 방법 등을 터득하지 못하고 공동체 생활로 들어가면 저들은 적응을 하기가 어려워진다. 상대방이 기계 속의 인물이 아니라서 혼란스러워진다.

 어른을 따라 하며 자라야 하는 것이 정석이겠지만, 좋은 교재인 부모가 곁에 없을 때 아이들은 계속 스마트폰이란 놀이터에서 노예가 되어가는 줄도 모르고 신나게 논다.

 나는 스마트폰으로 물품 구입을 하거나 은행 업무를 대신하지 않는다. 카톡으로 날아드는 풍경 사진이나 글도 접하지만 즐겨하지 않는 편이다. 소통의 도구 정도로 사용하고자 슬금슬금 아날로그 방식을 도입하여 실천해본다.

 마늘 한 자루를 샀다. 사면서 사람과 말을 섞고, 무거워서 자루를 끌고 오면서 자동차의 발명에 박수를 치게 되고, 경비원에서 도움을 청하면서 웃음이 생산되고, 그 사이에서 친절이 끼어들더라는 것, 그게 사는 거였다.

 그 다음에는 외국 여행다닐 때 사용하던 캐리어를 끌고 가까운 대형마트에 가보았다. 바퀴의 편리함을 재확인하였다. 그러나 무엇보다도 끌고 아스팔트길로 오다가 미세먼지 없는 하늘을 보는 여유가 생겼다. 바퀴 구르는 소리에서 여행지에서의 풍경이 소환되어 내게로 왔다. 날씨가 좋았던 이태리, 스페인, 프랑스 등의 풍경이 내적 풍경으로 뜬다. 자연스럽게 행복감도 따라붙는다.

지난해 이맘 때 이태리 전역을 여행하여서 기억 속의 이태리가 등 뒤의 스크린처럼 펼쳐지며 나를 웃게 하였다. 나는 꿈을 꾸며 거리를 걸었다. 인도를 구르는 바퀴소리를 들으며 가방을 밀고 집에 이르는 동안 여행하는 것 같았다. 집에 들어오는 길목에서 땀을 식히며 잠시 멈추어 섰다. 카타르시스에 이르렀다. 대문 앞까지 배달되는 물건을 대하고는 도저히 따라갈 수 없는 행복감이 과정을 거친 만큼의 부피감으로 남는다.

터치 한번으로 열린 세상에서 얻은 행복감은 편리하나 행복감도 편리하게 멀어져 간다. 수고를 거치며 실감한 것들은 시간의 결 사이에 감성을 녹여두어 과정만큼 용량도 크게 기억 안으로 저장된다. 꿀벌이 꽃가루를 날아다 꿀을 재듯이 내 나름의 날갯짓을 쉬지 않으며 세상에 널려진 행복가루를 야금야금 모아 나를 살게 하리라. 다시 불편함을 즐기며.

(2019 착각의 시학)

쿠킹호일과 셀로판지, 그리고 삼색의 원

  행사를 치르고 나면 꽃다발이 빛을 잃는다. 지워진 루즈처럼 반짝임이 사라진다. 이리 치이고 저리 치이면서 몸살 난 꽃이라 다시 물 올려 화병에 꽂기가 어려워진다. 결국 행사의 마무리는 꽃다발을 처리하는 일이다. 꽃다발을 해체하면 철사, 세로판 포장지, 쿠킹호일, 리본 등 종류도 다양한 쓰레기가 나온다. 일단 부피를 줄이기 위해 구겨지는 것부터 차례로 구긴다.
  쿠킹호일, 투명하지는 않지만 반짝거리고 매끈하여 무엇이나 그것에 싸면 깨끗한 것처럼 보이는 착시효과가 난다. 나는 먼저 그것을 구긴다. 손바닥이 누르는 대로 구겨진다. 전혀 저항이 없다. 다시 압박한다. 부피가 더 작아진다. 누르면 누르는 대로 모양새가 만들어진다. 수용성 만점이다. 작아질 대로 작아진 쿠킹호일은 더 이상 구길 수가 없는 한계선까지 왔다. 결혼 이후 10년이 지난 시점, 나이 40, 내 욕구의 모양새다.

모든 문화적 향수를 누리고 살던 골드미스가 결혼을 하자, 아내가 되고 엄마가 되면서 다가든 현실은 육아와 내조, 시댁과의 유대감 형성뿐이었다. 직장도 접었으니 어떻게 견뎠는지 알 수가 없다. 일상이 견뎌서 이겨내고 제출해야 하는 과제물처럼 이어가니 여행은 꿈도 꾸지 못했다. 그래도 무엇인가 만들고 싶고, 그리고 싶고, 추구하고 싶은 열망으로 창의적인 욕구가 꿈틀거리면 내 옷을 잘라 아이들 옷을 만들기도 하고, 아이들과 공작물을 만들어 온 집안을 동물원 식물원처럼 꾸미기도 하면서 틈새를 즐겼다. 털실을 타래로 사다가 온갖 것을 다 짜서 입히기도 했다. 멀리 나가지 못하니 영화관과도 담을 쌓고 욕구를 누르는데 급급했다.

존재감이 낮아진 정도를 넘어서 생명선까지 침범하고 있었다. 출구가 막혀 빠져나가지 못하는 연기처럼 영혼을 질식하게 만들어 결국 병이 나고 말았다. 그래도 삶은 반듯해야 하고, 마음은 착하게 먹어야 하며, 세상에 누를 끼쳐서는 안 된다는 강박이 나를 더욱 짓눌렀다.

그렇게 살고 있는 나를 자각한 것은 절반의 성공이었다. 나는 내 욕구에 대해서나, 인생에 대해서도 지나치게 가리고 겉보기에 좋게만 만들어 갔다. 그러나 생명력을 죽여서는 안 된다는 판단이 서면서 뭐든 투명해지기로 했다.

솔직한 감정노출을 하기로부터 시작하였다. 우선 지난 시간을 파기하기 위해 이혼과 재혼 형식을 빌려 우리 부부가 자신을 솔직하게 고백하면서 삶을 조명하고 속내를 있는 그대로 보여준 다음, 새롭게 살기를 시작했다. 세 줄의 문장이지만 용기로 치면 어마어마한 변화를 시도한 편이다.

말없이 일상의 행동을 바꾸고 무엇이든 가능하면 말로 표현하면서 아무렇지 않은 듯 일상을 바꾸어가는 것은 상대방이 겪기에는 혁명과도 같은 것이다.

그 작업을 마치고 나는 수필을 쓰기 시작했다. 첫술에 배부르랴. 하지만 하다가 중지 곧 하면 아니함만 못하므로 꾸준히 나를 벗겨 나갔다. 어느새 나의 정서는 셀로판지가 되어갔다.

그러나 습관된 자세를 하루아침에 고칠 수가 없어서 종종 구기다가 보니 주름지고 바시락거리며 도로 살아나는 것을 볼 수 있었다. 항상 해소를 하고 살 수가 없어서 슬그머니 구기면 여지없이 저항하며 일어난다.

"구겨지기 싫어요."

50줄에 들어서면서 나는 서서히 나의 욕구를 들어주는 사람으로 변해갔다. 때로는 달래서 포기하고, 때로는 약간 들어주면서 그 정도를 표현하였다. 마음의 문을 열고 부족한 대로 보여주며 살았다. 그 작업은 마치 셀로판지를 다리미질 하는 것처럼 보였다. 놀랍게도 그 자리에서 행복이라는 꽃이 피는 것을 확인하였다.

누가 뭐래도 나는 글이 쓰고 싶었다. 부모가 말리고 가족이 말려도 나는 몰래몰래 글을 쓰다가 대놓고 글을 쓰겠다고 선포하면서 부끄러움을 이겨냈다. 열심히 하던 사람이 좋아서 하는 사람으로 바뀌면서 내 표정도 환하게 바뀌었다. 아무도 나의 욕구를 막지 못했다. 수맥이 터진 듯 글을 쏟아냈다. 터진 물이 아니라 흐르는 물로 바뀌면서 일상은 안정에 이르렀다. 주변은 나를 이해하고 말 것도 없이 나를 인정하고 당연하게 받아들였다. 내게는 축복이고 비움이고 생의 의미가 된다. 나의 글이 어디로 가든 상관하지 않는다. 나는 쓰는 사람이니까. 그러나 부수적으로 따라오는 모든 것이 내게로 왔다. 가장 소중한 식견이 늘었고 표현이 자라서 죽는 날까지 글을 놓지 않고 활동할 수 있게 된 필력이 고맙다. 부러울 것도 없고 두려울 것도 없다 내가 바란 것은 결과가 아니라 살아가는 과정이니까. 과정이 좋으면 결과는 느리거나 조금 빠르게 다가들 것이니 이 또한 걱정할 일이 아니다. 나의 글은 자유롭다. 내려앉을 자리를 가리지 않는다. 공짜도 좋고 대금을 치러주어도 좋다. 나 대신 여행 다니는 것을 즐긴다. 피드백이나 메일, 댓글로 만나는 독자들의 마음이 나에게 선물이다. 70대에 이르러 내면을 들여다보았다. 지극히 단순하고 아늑하게 변해져 있다. '쿠킹호일'이나 '셀로판지'와 달리 초록색 테두리를 한 원 안에 빛의 노랑색과 온화함의 연주황색이 가득 차 있으며 그 중심에 연두색 떡잎 두 장이 다시 피기를 기다린다. 아직도 생명력은 넉넉하다. 누가 알랴. 줄기가 어디까지 뻗고 잎이 얼마나 무성하게 피어날지. 30년 동안 비우고 새롭게 채우고 또 비우면서 만들어온 내적 자화상이 마음에 든다. 인생칠십고래희, 고개를 끄덕거린다.

   내 생의 최후까지 글을 쓰고 사는 게 나의 희망이다. 그래서 나는 글쓰기를 일상의 작업으로 만들어 버렸다. 나를 표현할 도구가 있다는 것이 얼마나 든든한지. 글을 쓰며 나를 털어버릴 자유가 보장되지 않는가. 어떤 억압으로부터도 자유로울 수 있는 은빛 날개를 가지는 것이다.

2.
살다 보면

변방에 서기

 청담공원, 산 언저리의 풍경에 변화가 생겼다. 참나무 군락지와 좀작살나무 사이에 개여뀌 무리가 등장하였다. 햇살이 닿는 땅에 절묘하게 터를 잡았다. 큰 나무 밑은 그늘이 짙고 사람이 만든 정원에는 허가받은 식물만 살 수 있어서 저들은 당연히 뽑히고 만다. 그 연한 풀줄기는 쑥쑥 자라며 기쁨을 주었다. 나는 가을이 오기까지 푸름에 대해서만 반응하였다.
 그들은 한동안 이름 모를 잡초로 여름을 났다. 그리고 초가을, 개여뀌 꽃대가 올라와 사람들을 놀라게 했다. 꽃을 보아야 이름을 기억하는 만큼의 관심을 보인 것이 나름 미안했다. 한 꽃대에 100여 개의 잔 꽃을 달고 초록 대꼬챙이에 깨를 다달다달 붙여놓은 듯 입체감 나게 붙어서 핀다. 미사 때 영성체를 영하고 들어가는 천주교 신자의 갸웃한 고갯짓을 닮았다.

 저들은 무리를 지어야 아름답고 성장하는데 위험하지 않다. 한두 포기로 나면 밟히고 뽑히기 일쑤이다. 잎과 줄기를 짓찧어서 개울물에 넣으면 물고기가 뜬다고 하여 어독초라고도 부른다. 항균작용이 뛰어나며 혈압을 낮추는 성질을 가지고 있다. 그러니까 관상용보다는 기능성 잡초로 분류하는 게 낫다. 이들을 보면서 문정동에서 만난 한 포기 개여뀌가 생각났다.

 문정동이 새 아파트 지구로 개발될 때이다. 날마다 불도저가 야산을 깎아내려서 산의 면적이 줄어들던 때, 우리는 주공아파트에 살면서 마지막 동산 지킴이가 되었다. 초록 세상이 좋아서 그곳으로 이사를 갔는데 까치집이 사라지고 산이 뭉개지고 숲마저 사라진다고 하니 그냥 마지막까지 누리고 싶어졌다. 비온 다음 날이면 그곳에서 무지개를 만났고, 노을이 깔릴 때면 아이들과 함께 동요를 부르며 내려오곤 했다.
 어느 날, 산이란 이름이 사라지고 황토색 평지가 된 공터에서 특별한 풀포기를 발견하였다. 가까이 다가가서 보니 개여뀌 한 포기가 멍석만 하게 커져 있다. 가녀린 풀이 홀로 남아 햇볕을 마음껏 받으며 자라니까 이해할 수 없는 크기로 성장하는 것을 보았다. 모여 살 때는 나누어 먹고 사느라고 크기를 조절하며 자랐다는 것을 알 수 있다.

나는 그날 생명체의 잠재된 가능성을 보았다. 벗들이 트럭으로 실려 나가는 흙더미에서 홀로 남아 살아내며 얼마나 외롭고 궁금했을까. 세상 누구도 그 풀포기를 보고 뿌리가 하나라고 말할 사람이 없을 것이다. 무리에 섞여 자랐다면 줄기를 위로 뻗었을 것이나, 자리를 서로 양보하며 가지를 뻗지 않아도 되는 터에서 그 풀포기의 운명은 제한적이라 슬펐다. 그래서 더 키웠을까. 가히 상상하기 어려운 성장세였다.

그때 나이 30대 후반에 '변방에 서기'를 생각했다. 홀로 가기는 외롭고 무리에 있으되 반의 자유를 보장받는 변방지기가 되기로 했다. 그늘이 싫고 억압이 싫은 나에게 반은 외진 자리일지라도 앞으로 나아갈 수 없을 때 뒤로 생명을 키우며 보장할 수 있으므로 변방이 좋다.

꿈길 밖에 길이 없어 꿈길로 가니 그 님은 나를 두고 길 떠나셨다는 노랫말처럼 산다는 것은 어디로든 확대해 나가야 한다는 메시지다. 길이 막혀서 막막할 때 크기를 포기하기는 자라기보다 더 어려운 일이다. 한계를 덜 느끼고 억압을 경험하지 않으려면 변방에 서야 하겠다고 생각했다.

그러나 세상은 나를 변방에 두지 않았다. 중심을 향한 눈빛이 형형하니 한없이 끌어다 **장 **위원 *사 등의 직함을 주고 값을 치르게 했다. 기억까지 보태어져 혼쭐이 났다. 하는 수 없이 뿌리를 뺐다. 변방지기에게는 작품 수도 많고 기도 도량도 넓다. 어느 경우에도 원고청탁을 거절해보지 않았고 타인에게 손을 뻗을 수 있는 봉사활동도 가능해졌다.

세월이 가고 변방의 풍경이 달라지니 원고 방출량은 도를 넘고 책으로 묶여 나가고 나니 지구촌 어딘가에서 연재되고 방송국에서 내 글을 읽어도 놀랍게 내게 소식이 와 닿는다. 글을 쓰며 살겠다는 방향성만 분명하면 부지런하고 진실하게 변방을 고수하리라고 작정하였다.

개여뀌 꽃은 소탈하다. 그것이 개성이다. 꽃이 너무나 작아서 속내를 보기가 어렵다.『나는 사람 꽃이 좋다』는 내 책에도 한 권에 200여 편이 수록되었으니 글 꽃이 아주 작은 편이나 개성은 강하다. 다홍색과 흰색은 사랑과 영성의 꽃 색, 우아미나 세련미와 다른 개성을 드러낸다. 그들은 공동체로 자랄 때 빛이 난다. 어느 꽃도 개여뀌 꽃 색을 흉내 낼 수는 없다.

변방에 자리를 잡은 개여뀌 무리에게 공감하며 글 길 출발할 때 나에게 조언을 해준 홍윤숙 시인이 생각났다. 글이 맑아서 좋다고, 성장세가 보이니 열심히 쓰라고, 어디서건 자라고 있으면 눈 밝은 사람이 알아볼 것이라고 했다. 오래 글 꽃을 피울 수 있는 열정도 있고 아직도 세상은 푸르게 펼칠 자리가 많으니 열심히 글 꽃을 피우라고 했다. 하늘로 가신 후여서인지 고맙다. 참 많이 고맙다. 어쩌면 문단의 원로가 인정해주는 힘으로 나를 밀고 나갔을 수도 있다.

  개여뀌와 함께 변방예찬을 하며 꽃말을 알아본다. '생각해주렴'이다. 독자에게 나도 개여뀌의 꽃말을 빌려 나를 말해본다.

(2019. 한국아파트신문)

깎아내어 불꽃을 피우리라

 손이 하는 일 중에서 별것 아닌 듯하나 대단히 매력적인 일이 있다면 나는 단연코 연필깎기를 들고 싶다. 깎는 작업을 통해 맑아진 이미지를 만나고 훈련의 정도에 따라 고르고 예쁘게 다듬어지는 것을 확인할 수 있다. 아울러 작업을 하는 동안에는 집중도가 극에 달하고 힘을 고르고 적당하게 사용하여야 하므로 수양의 작업이라고도 할 수 있다.
 얼마 전에 방영된 드라마의 남자 주인공은 연필깎기가 취미였다. 그는 하루의 일과도 연필깎기로 시작하고 스트레스가 가중될 때는 타스로 사다가 연필을 깎아 필통에 꽂아두기도 하였다. 그는 깎는 작업을 이용하여 자신의 감정을 조율하는 도구로 사용하였다. 깎아서 무엇을 만들어낸다는 것보다는 목적 없이 깎을 수가 없으므로 완성미를 갖춘 형상을 정하고 작업을 하는 것이다. 어찌 보면 여성의 다리미질이나 수놓기와 효과는 크게 다르지 않다. 일종의 심리치료 작업인 셈이다.

연필심이 닳아지는 동안 깎인 자리는 지저분해지고 새로 받은 시간이 지저분하게 얼룩지어지는 것과 다를 바가 없다. 연필 자루를 깎아내면서 새로운 심을 돋우고 나무 향을 맡으면서 집중하는 작업은 정신수련이나 같다.

우리 시대의 학창 시절에는 누구나 필통에 칼과 지우개, 연필이 들어 있었지만, 연필깎기 도구가 우리 곁으로 오는 사이에 아이들은 하나의 기능을 연마할 필요성을 잃어버렸다. 섬세한 손길을 무엇으로 길들일지 모를 정도로 기계화 되어서 연필 깎아주는 정의 길도 막혀버렸다.

신학기가 되면 아버지가 자식들의 필통을 열고 낱낱이 연필을 깎아 담아주면서 당부하는 모습은 훈훈한 풍경으로 남아있지만, 지금은 연필깎기 도구를 사주면 그만이다. 어른과 아이 사이에 정겨움은 사라지고 기계의 기능으로 문제해결만 하고 마는 현실이다. 소위 기를 섞어 분위기를 만드는 풍경은 사라졌다는 이야기다.

깎는 솜씨에 따라 신부의 평이 달라진 것은 사과깎기이다. 이 또한 집중하지 않고는 이상스럽게 살을 베어내는 바람에 다른 사람 앞에서 조신하게 칼질을 할 수 있도록 길들이는 것이 신부수업이던 때도 있었다.

한 편의 수필을 쓰면서 문장을 갈고 다듬어서 자신이 표현하고자 함을 최대한 살려낸다면 문장가는 될 수 있어도 영감을 불러일으키고 감동으로 이어지지 않는다. 진정한 예술품을 창조하는 사람이 아니라 기계적으로 단어를 조립했다는 느낌을 면하기 어렵다. 그래서 수필은 경험을 토대로 쓰여지는 글이라야 읽히는 힘을 얻는다. 사람의 손으로 잘 깎은 사과나 연필이 아니라 기계로 깎아 개성을 죽인 모양새로 말쑥하게 태어나는 연필에서 우리는 감동을 받지는 않는다.

요즈음 나는 깎아내는 작업을 통해 기도의 맛을 살려낸다. 누군가를 위해 축복을 빌어주고 싶고, 촛불 앞에 앉으면 안정감이 들어서 참 좋다. 새 초를 두 대 촛대에 꽂았는데 자꾸 불이 꺼지고 잠시 켜 있다가 다시 불꽃이 작아지는 것을 보면서 기도할 맛을 잃어갈 즈음, 과감하게 다 타지 못한 부위를 깎아내 보았다. 불꽃이 후욱 올라왔다. 오래 꽃을 보여 주지 않던 난촉에 꽃이 피는 듯 황홀해졌다. 나는 주기적으로 초를 깎아내는 게 이제 일상이 되었다. 그리고 기도 생활은 평온을 찾았다. 이 작업을 통해 얻는 게 있다면 굳이 깎아내지 않아도 그 심지에 걸맞게 불꽃을 내면서 초를 태우는 굵기를 고르는 일이 중요하다는 것을 알게 되었다.

하나의 초나 한 번의 인생에서도 깎이어 나가는 것 없이 온전히 다 태워야 한다고 생각한 것은 욕심이었다. 불꽃을 위해 깎아내기로 해결하였다. 깎아내는 동안 내 손길은 기술자의 손길을 닮는다.

빗나가지 못하게 정교하게 칼을 다룬다. 베어져 나가는 초를 보면서도 묵상을 한다.

깎은 것은 버려지는 것이 아니라 다르게 사용될 수 있는 재료이므로 불꽃이 살아나도록만 수고하자고 마음을 먹는다.

내 인생에서 무엇이든 덜어내고 잘라내고 깎아낼 때 불꽃이 크게 올라왔던 것도 생각해냈다. 맞다. 얼굴에 볼 살이 빠졌을 때 내 콧대는 상대적으로 높게 보였고 내 눈도 커 보이는 것을 미리 생각해보지 않은 것이 생각났다.

깎으면서 연필심이 드러날 때의 쾌감이나, 불꽃이 올라오는 쾌감이나, 의욕이 올라오는 쾌감이나 하나의 이치로 굴러간다. 아직도 내 인생에서 깎아내어 다른 곳에 쓰여질 것들 많다. 시간과 재능, 물질과 기도 등을 가능하면 정교하게 깎아내며 불꽃을 피우리라. 빛의 시간을 만들리라.

(2019. 한국아파트신문)

달력 속의 빨강색 자전거

　서울에 폭설주의보가 내렸다. 적설량은 눈을 뭉쳐 눈사람을 만들 만큼이다. 그날 저녁 6시의 수필교실에 오는 분들의 얼굴에는 눈웃음이 내려 환하다. 만나고 싶고 나누고 싶은 사람들이 모이니 분위기가 냉기 없는 눈 풍경이 된다.
　수필수업을 마치고 나올 무렵, 수채화를 그리는 회원이 '수채화를 곁들인 달력'을 나누어 주었다. 한 장 한 장 넘기다가 박현주의 '동면'이란 그림에 시선이 멈추었다. 개 집 앞에 세워둔 빨강색 자전거를 그린 그림이다. 일본의 삿보로 여행 중에 만났던 붉은 열매에 얹힌 눈의 이미지가 살아났다. 흰 눈과 빨강 색 자전거는 색채의 조합에서 어필한다.
　그림 속의 자전거에는 소복히 쌓였던 눈이 조금 녹아내렸는데,

어딜 보아도 금방 그 자전거를 탈 수 있을 것 같지 않다.

'그렇구나. 추위가 가면 저 눈이 자연스럽게 녹아내릴 것이고, 그때 다시 페달을 밟고 어디론가 달릴 수 있게 될 것이니 제목이 '동면' 맞네. 그런데 왜 나는 그 자전거에서 내가 보이지?'

그림 속 자전거의 페달에서 내 온기가 남아있을 것 같은 상상을 하게 된다. 집으로 돌아오는 거리에서나 집에 와서도 내내 자전거에 생각이 매달렸다. 아마도 빨강색이 아니었다면 내가 투사되지 않았을 것이다.

다음 날 아침에 일어나자마자 한 해 동안 문필 활동한 내용을 정리해보니 54편을 발표하였다. 나는 종교와 문학을 두 바퀴 삼아 열정적으로 페달을 밟았다. 어느덧 내 머리에는 세월의 눈이 내렸는데도 불구하고 내 가슴은 여전히 빨간 자전거 색이다. 글을 써야 할 것 같은 소명 의식으로 나는 페달을 밟거나 쉬거나 해야지 어거정쩡하게 달리는 흉내만 내고는 인생이 쓰러질 것 같아서 앞만 보고 달렸다. 수시로 나를 짓누르는 일이 다가들 때마다 기도하고 글을 쓰며 이겨냈으니 종교와 문학이란 두 바퀴가 나의 삶을 의미롭게 하는 매체였다. 참 열심히 페달을 밟았다.

박순재 신부님이 신설한 청담 주보의 7면에 첫 글을 실으면서 25년 동안 묵상글을 써오다가 그 신부님이 소천하던 해에 주보에 쓰던 글을 멈추었다. 내가 의지로 쓰기를 멈추려고 해도 멈추어지지 않던 글 길이었는데 섭리 안에서 운명을 같이 했다.

때를 예견이라도 한 듯, 나는 일주일에 한 번 중창단에서 소리와 가사로 기도송을 준비하고 있었다. 그러니까 앞바퀴의 튜브를 갈아 끼운 셈이다. 열정이 남아있는 한 영적 공간을 달리다가 쉬면서 인생의 페달을 마저 밟을 것이다.

나는 '바퀴맹'이다. 세상 속에서는 자전거를 탈 줄도 모르고 자동차 운전도 못한다. 그러나 영적 공간에서는 씽씽 달리고 펄펄 난다. 내 안의 '빨강색 자전거'는 달력 안에서 지금 휴식하고 있지만, 새 봄과 함께 달력 밖으로 나오게 될 것이다.

어디까지 달릴지, 언제까지 달릴지 나는 모른다. 깨알같이 적히는 메모 습관에서 내 의식세계를 엿볼 수 있다. 핸드폰의 메모방식과는 다른 손 글씨 방식이 쓰는 맛을 더해 준다. 아직 인생의 페달을 밟을 만큼의 '내적 근육량'이 충당된다는 증거는 곳곳에서 증거를 보이고 있다. '휴식 중인 빨강색 자전거'는 바퀴의 튜브를 갈아 놓고 71세의 봄을 기다린다.

(2019 문파문학)

나는 택배 사업자

　신학기가 시작되고 학동기의 아이들을 둔 가정에서는 긴장이 보인다. 짝꿍이나 담임선생님에 대한 기대감과 불안감이 교차할 것이고, 임원 선거가 이어질 것이며, 아이와 부모의 욕구가 부딪치는 시간도 지나갈 것이다.
　유치원에 가야 할 아이를 둔 학부모들은 유치원 문제로 사회적 어려움에 직면하고 있어서 힘들 것이나, 이 또한 세월이 지난 다음에 보면 아이들이 사는 세대를 관통하는 어려움의 강을 건너게 될 것이다.
　그래도 아랑곳하지 않고 봄의 전령사인 매화는 아랫녘에서부터 꽃 소식을 전하고 나는 서울의 봉은사로 매화를 만나러 갔다. 모든 생활을 신선하게 맞이하고 싶은 사람들에게 요즈음의 미세먼지는 걸림돌이 된다.

　이것 아니면 저것들의 걸림이 놓인 걸 보면 인생 자체가 어차피 허들게임이다. 넘을 만큼의 장애물이므로 서둘지 않고 넘을 의지를 가지면 허망하게 무너지지는 않을 것이며 욕망만 가지지 않는다면 속도는 기량의 문제다. 넘어지라고 만들어 놓은 경기가 아니므로 다소의 아픔을 겪고 지나가면 무난히 다음코스로 넘어갈 것으로 보인다.

　3월이 아무리 바빠 달려도 기본은 해결하고 넘어가야 하거늘 직장맘들의 고충은 도처에서 바람의 소리를 낸다. 엄마가 바쁘면 집안사람 모두가 부산스럽고 다소 바쁘다. 그 바쁨을 해결해주는 요소 중 하나가 현대사회의 사업 중심에 자리 잡은 택배 문화다. 아파트마다 택배 물건 보관소가 설치되기도 하고 대문 앞에는 배달된 물건이 주인을 기다리기도 한다.

　그러다 보니 말 배우는 아이가 가장 먼저 익히는 단어가 '택배'라고 하는 기사도 만나게 된다. 하기사 유치원 다니는 손녀가 어버이날 카드에 적은 문구도 '택배가 더 많이 왔으면 좋겠어요'였다.

　그런데 놀랍게도 요즈음 내가 택배 받는 일을 즐긴다. 내 돈 내고 받는 물건인데 상자만 보아도 기분이 좋아진다. 선물이 온 듯 신이 난다. 갯수가 많을수록 상자를 열기 전 기대감은 커진다.

　게다가 이름이 낯설면 더욱 기분이 좋아진다. 누가, 무엇을? 하면서 호기심이 발동된다. 물건을 보고 사는 것과 달리 이왕이면 기대 이상이기를 꿈꾼다. 부치는 사람과 배달자가 다르듯이 우리네 영적 세계에도 배달꾼이 있다. 모두에게 함께 사는 수호천사는 기도를 배달한다.

어느 날 이유 없이 평안하고 행복감이 크다면 누군가의 수호천사가 나에게 영적 선물을 날라다준 것이라고 나는 믿는다. 내가 기도 택배를 보내면서부터 믿게 되었다. 내가 누군가를 찾아가지 않아도 기도 중에 이름을 들먹이기도 하고, 단체를 들먹이기도 하면서 축복기도를 개별적으로 부친다. 복을 얹어 부치면 받을 준비가 된 사람은 그 기도를 받아 자기 삶을 기름지게 만들며 살 것이다. 마치 통장에 무통장 입금시켜주면, 그 돈으로 풍성하게 삶을 꾸리듯 기도를 그렇게 사용할 것이다. 내가 택배를 즐기듯 기도를 받아 즐겨 사는 사람은 누군가 자신을 위해 기도해줄 것이라고 믿는 사람들이다.

나는 내가 소속한 단체나 활동하는 가상공간의 사람들을 위해서도 기도 택배를 부친다. 누군가 아파하는 내용이 올라오면 허락 없이 기도를 속달로 부친다. 그런 것 받지 않는다고 마음을 닫았을 경우에는 내게 되돌아올 것이므로 발송자가 수취인을 겸하는 사업이다. 이미 마음이 열려있고 나눔 활동을 하기에 기도를 앞세운다. 모임에서 밥이라도 한 끼 나누고 나면 사는 게 원만하듯 기도를 앞세우면 건강한 분위기 속에서 살아갈 수 있다.

오늘도 새벽잠이 깨어서 나는 묵주를 들었다. 대형 기도 꾸러미를 수호천사의 등에 얹었다. 내 영적 택배 창고는 그래서 큰 편이다. 때로는 자가생산하여 보내기도 하고 주문을 받아 운영하기도 한다.

향 싼 종이에서는 향내 나고 생선 싼 종이에서는 비린내 난다는 말을 믿고 긍정의 기원을 담아 보낸다. 영적 택배는 받는 사람만 정확하면 모두 공짜다. 그래서 인심을 팍팍 쓴다. 받지 않으면 되돌아와 나의 마음에서 향내를 풍길 것이니 손해 볼 것이 없는 사업이다. 기도택배 작업을 마친 마음 창고에는 향내가 가득하다.

재료라고는 확실하게 실어 나를 것이란 믿음과 발송인의 진정성이면 족하다. 도구로는 손때 묻을수록 좋은 라이터와 묵주가 있으면 좋고 소비재로는 연중 몇 개의 초만 있으면 된다. 사업자 등록을 하고 싶으면 누구든 맑은 영혼과 인간에 대한 사랑을 갖추면 가능하다. 때와 장소를 가리지 않고 일할 수 있어서 사업성과는 뛰어나게 좋다. 인생을 무엇으로 그렇게 풍성하게 할 수 있을까. 나이 든 사람들에게 아주 좋은 사업 아이템이다.

(2019 한국아파트신문)

장미와 노인

"작은엄마, 할아버지가 나에게 맨날 장미를 사오라고 그랬어요."
 시댁을 방문한 어느 집 둘째 아들네 가족에게 장손녀가 들려준 이야기다.
 다음 문장으로 건너가는 사이에 만 가지 상상이 펼쳐진다.
 '남자노인도 장미를 좋아하나? 용돈을 타 쓰는 학생이 다 들어주었을까. 이쁜 치매가 왔을까. 러브로망이 남았을까.'
 그러나 장미는 담배 이름이었다. 장미와 노인이 하늘나라로 소풍 간 아버지를 떠오르게 하였다.

 아버지가 전매청에 다닐 때는 담배이름을 외우지 않고도 쫙 꿰었다. 아버지가 국무회의에 참여하고부터 우리는 일반사회 시험공부를 하지 않고도 높은 점수를 받을 수 있었다. 각 부처 장관 이름까지 다 알고 지냈다. 어머니와 아버지가 소근거리는 현장에서 귀를 세운 게 공부였다. 이상스럽게 하라는 공부보다 그런 공부가 더 맛나다.

한쪽 눈이 좋지 않은 아버지를 위해 어머니는 조간을 읽고 그날 알고 나가야 할 내용을 스크랩하여 아버지에게 먼저 말로 해준다. 그리고 스크랩은 자료로 사용하라는 취지다. 우리에게는 그 시간이 일반사회 시간과 다름없었다.

그러나 지금 아버지는 하늘나라로 소풍을 떠났고 정치 일번가에서 잔뼈가 굵은 남편도 퍼득거리는 언어의 바다에서 살다가 나온 지 14년이 넘으니 시인이 되어간다. 장미 꽃다발을 받아다 나르던 날은 다 지나갔다. 새순이 텄다고 말하지 않고 하늘에서 초록별이 떨어져 나뭇가지에 조롱조롱 얹혔다고 날더러 가서 보라고 한다. 그러하니 내가 어찌 장미가 담배이름이라는 것을 알까.

장미는 내게 유년의 뜰이며, 중년의 상징이다. 등단 때 받은 축하 꽃다발을 나는 잊지 못한다. 향기롭게 살고자 하는 의지가 장미에 곁들여졌다. 그런가 하면 신부님을 사랑한 여인의 상처를 치유해주었다고 내게 보낸 100송이 장미는 겨울 내내 베란다를 지켰다. 장미란 말만 들어도 그녀가 떠오른다. 노년의 장미는 추억을 불러내는 도구이다. 샤넬 5의 향수를 종종 뿌리고 아버지 마중을 나간다. 아버지 칠순 때 70송이 장미꽃다발을 드리면서 우리가 떠난 자리에서도 자식 대신 꽃을 보라고 그랬더니 아버지는 사람 꽃이 더 좋다고 했다.

조용하고 말수가 적은 아버지는 나에게 글도 쓰지 말고, 말도 많이 하지 말라고 했다. 그냥 인격에서 향내를 풍기라고 했다. 거창한 것보다 작은 것이라도 진실하기를 바랐다. 건강한 '인생소멸'의 모습을 몸소 가르치고 갔다.

아버지는 무료해서 그림을 그렸고 나는 가슴이 뜨거워서 견디기 버거워 글을 썼다. 둘 다 살기 위해 한 예술행위이다. 나는 지금 아버지가 그립다. 진심을 육성으로 들려줄 어른이 없다. 그러고 보니 내가 어느새 어른이 되었는가 보다. 춘설이 난분분한 2월 15일에 샤넬 5 대신 봉은사 홍매향기로 아버지 마중물을 대신한다. 고향의 향기는 잊지 않았을 것이므로….

방 역

 파리가 난다. 내 마음에 파리가 난다. 한 마리 두 마리 세 마리… 여러 마리가 떼지어 난다. 평소에 기도로 거름 주며 잘 가꾸어 오던 내 마음의 과수원에 '말 파리'가 난다.
 최근에 다양한 사람들을 만났다. 40년 만에 잊고 지내던 동창을 만났고, 미국으로 이민 간 친구가 제 어머니를 보러 왔다가 모처럼 만났다. 게다가 오래된 내 친구는 이승에서 저승으로 가려고 영적 터미널에서 완화치료를 받고 있다. 알음알음으로 만나 그 친구를 보러 다녀오면서 또 낯선 말을 듣게 된다. 잊고 지내던 세월도 말로 채워져 있다가 흘러나왔다. 미국에서 온 조카와 함께 내 동생도 만나고 카페에서 이름 모를 사람들의 댓글도 만났다.
 세상 사람들은 내보내고 싶은 기운이 가득 찰 때, 말을 해도 될

만한 입장이 되면 너나없이 틈새로 '말 파리'가 되어 난다. 때로는 표정으로, 때로는 눈빛으로, 때로는 언어와 몸짓으로 다 말한다. 과수나무에 주어진 거름 속에는 나무에 좋은 자양분과 파리가 슬어 놓은 쉬가 섞여 뿌려지듯 사람을 만날 때는 재미와 웃음, 자랑과 부러움이 동시다발적으로 뿌려진다. 모두가 우호적인 말만 흘려내는 것은 절대 아니다. 지나가면서 흘린 말 한 마디가 내 안에 쉬가 되어 들어오고 그것들이 시간이 지나면서 꾸물거리다가 파리떼로 난다.

최근, 세종시 밤산 근처 과수농가에서 파리 때문에 골치를 앓고 있다는 뉴스를 접한다. 내 마음 풍경이 거기에 있다. 소름이 돋았다. 그들은 땅에서 파리가 솟아났다고 표현한다. 급한 대로 끈끈이를 곳곳에 놓아두고, 붙여두고, 천장에서 내려뜨리기도 하면서 박멸에 힘을 쓰지만 중과부족이다. 이내 새까맣게 달라붙어 검은 종이에 흰 종이조각이 날아와 붙은 것처럼 징그럽다. 식당은 임시 폐업 중이고 집집마다 문을 닫아놓고 파리를 경계한다. 그리고 대대적인 방역이 실시된다.

원인을 밝혀본 결과, 액상 음식 쓰레기로 만든 친환경 비료를 뿌리고 나서 나타난 현상이라고 한다.

그곳 사람들이 문을 닫고 파리를 경계하듯 나도 지금 마음을 잠시 닫고 방역 중이다. 마음도 많이 쓰니까 많이 걸은 날의 발바닥처럼 화끈거린다. 이때 남편의 말이 방역제다.

"당신을 내가 잘 아니까 걱정 마소. 지난주일 날 마이크를 통해 들리는 당신의 목소리를 듣고 영혼의 투명함을 느꼈지. 목소리가 맑고 낭랑한 것은 영혼이 투명하다는 증거이며, 투명하면 종종 그런 일이 생긴다는 것을 아니 지나치게 마음 쓰지 마소. 당신을 내가 지켜줄 테니 걱정마소. 아무나 못 지니는 성향이라 이해받기도 힘들어. 그런다는 것을 나는 알아. 인정해."

나는 모닝 커피잔을 물리면서 평생 해보지 않은 백 허그를 했다.

"여보 고마워요. 나이가 들면서 말본새가 좋아지는 당신이 고마워요."

6월의 폴 바셋

 나는 일년 중 6월을 가장 좋아한다. 현란한 꽃 퍼레이드가 끝나면 대지에 안정감이 깃들고 초록의 세상이 펼쳐져서 좋다. 어쩌다 하얀 꽃이 심심풀이로 피어나고 앵두, 살구, 버찌, 오디 등이 반짝 얼굴을 비쳐서 반갑다. 게다가 오늘같이 미세먼지도 없고 청명한 날씨에 바람이 살랑거리면 나로서는 살기에 최적인 날이다. 이 좋은 날, 운동을 마치고 샤워까지 마쳤으니 전신이 개운하고 최상의 컨디션이다.
 가장 기분 좋을 시점이면 어머니가 생각난다. '나만 좋으면 어떻게 하나 내 어머니와 나누어야지' 하는 생각이 쳐들어온다.
 실로 형상은 어른이고, 속내는 귀신이고, 행동은 어린아이와 같아서 도무지 다녀오면 며칠간 마음고생을 하게 된다. 나는 전날 다녀왔기에 재앙에 가까운 생각을 떨쳐내기 위해 맛이 입에 착 붙는 커피 한 잔을 마시고 싶어졌다.

　최근, 카드사에서 받은 문자 메시지가 생각나서 바람 속으로 나가고 싶어졌다. 앱을 다운받아 쿠폰을 받으면 '폴 바셋' 커피 집에서 무료로 커피를 시음할 수 있다는 내용이다. 그 커피 집의 아이스크림이나 커피 맛이 좋아서 애써 그 매장을 찾아다니는 마니아도 보았으므로 나는 은행에 가는 길에 들러보려니 마음을 먹고 그 커피 집으로 이동한다.

　육중한 문을 밀고 커피 집으로 들어선다. 조심스럽게 내용을 설명하자 대뜸 핸드폰으로 앱을 다운받아 주어도 되겠느냐고 묻는다. 나 같은 사람들이 이미 다녀간 모양이다. 젊은 직원이 친절하다. 나는 미소로 응하고 핸드폰을 내밀었다. 느릿한 나의 문자 찍는 모습을 보다가 그녀의 날렵한 손동작이 보이자 상쾌해진다. 직원 둘이서 내 핸드폰을 이리저리 뒤적이다가 쿠폰을 찾더니 SOLD OUT이라고 안타까워한다. 한정 수량만 내놓았는데 이미 소진되었다는 이야기이다. 그러니까 인심은 써놓고 웃으며 찾아간 고객은 울상이 되어 찻집을 나와야 하는 판국이다. 굳이 오후에 그 찻집에서 커피를 사서 마실 이유는 없어 망설이고 있는데 점원이 방긋 웃으며 나에게 말을 건다.

　"제가 커피 한 잔 드릴까요? 서운하시잖아요."
　"주시면 고맙지요."

이리하여 나는 따뜻한 커피 한 잔에 앳된 남직원의 미소가 곁들여진 잔을 받았다. 키가 높은 의자에 걸터앉아 통유리창 너머의 풍경을 바라보며 커피를 마신다. 아침에 텔레비전에서 본 N배우가 혼자 통유리창 너머로 한강을 바라보며 커피를 마시던 모습이 떠올라서 씨익 웃었다.
　플라타너스 나무의 잎이 싱그러운 풍경을 오래전부터 즐기던 터라 기분이 좋아졌다. 놀랍게도 이 커피 집 커피는 쓴맛이 약하고 약간 신맛인 듯 묘한 맛이 곁들여졌는데 결코 싱겁지 않다. 맛이 좋아서 애써 이 매장만 찾아다닌다는 커피 마니아가 있을 법하다. 나는 어느 집이든 그 커피 집 커피 맛이 내 입맛에 맞는지 검증이 되어 있지 않을 때는 주로 라떼를 청하고 커피 맛을 알 때는 따뜻한 아메리카노를 청한다.
　6월의 어느 오후에 통유리 창밖을 멍 때리듯 바라보면서 혼자 맛난 커피를 마신다는 것이 이렇게 행복할까 생각을 했다. 아니다. 커피 맛이 아니라 사람 맛이었다. 젊은 사람이 나이든 사람의 안타깝거나 애석해 하는 마음을 읽어준 것에 대한 고마움이 커피를 한 모금씩 마실 때마다 가슴을 채워 오더니 마지막 한 모금을 마시는데 눈이 촉촉해진다. 내가 그러지 못한 것에 대해 미안했던 감정이 치고 올라왔다.
　바로 전날, 인지장애를 가지고 있는 92세 내 어머니에게 다녀왔는데 나는 이 젊은이만큼 어머니를 이해해드리지 못했다. 잊으려고 노력할수록 가슴에 껌딱지처럼 들러붙어 다녀올 때마다 나를 괴롭힌다. 아무 연고도 없는 점원에게 조건 없는 이해와 배려를 받고 나니 어머니에게 더 많이 미안해졌다.

어머니에게 갈 때는 작심하고 준비를 한다. 이번에 가면 후회하는 일이 없도록 어머니 말을 저항하지 않고 따뜻하게 다 들어주어야겠다고 작정을 하고 팔이 무겁도록 반찬을 준비해 간다. 그러나 이내 속이 뒤집힌다. 어디까지가 정상이고 어디까지가 장애인지 구분이 되지 않아서 온전히 인격적으로 대하게 되지 않는다. 간신히 마음을 다잡아 진정 국면에 들 때쯤이면 다시 가야한다는 강박에 놓인다. 어머니의 인사는 '왜 안 데려가는지 모르겠다'이다.

대문에 들어서기가 무섭게 그 인사를 한다. 나는 감정 전이가 빨라서 무딘 동생들이 대응하듯 대충 하지 못한다. 돌아와서 깊어지기 전에 며칠 동안 내 속을 다스려야만 한다. 다 다스려지기 전에 타인에게서 온 감동이 나를 치유해냈다. 나는 다시 육중한 문을 밀고 나오면서 말했다.

"그대 덕분에 행복했어요. 고마워요."

환하게 웃어주는 그 직원의 얼굴이 나의 6월 어느 날을 닮았다.

집에 돌아와 『귀띔』이란 책을 세 권 꺼냈다. 지난해에 일하는 젊은이들에게 주려고 엮은 책이다. 내 나름의 사회 환원 차원에서 제작한 책으로 신체 노동 강도가 높은 젊은이들에게 나누어주었다. 그들은 고단하고 지쳐서 긴 글을 읽어내지 못한다. 그래도 읽고 살아야 한다는 취지에서 그들에게 줄 잠언 에세이를 골라 엮었다. 대체로 한 쪽을 넘지 않는 글이지만 결코 내용이 가벼운 것은 아니다. 내 경험에서 통찰한 생활철학인 셈이다. 그 책을 가지고 찻집을 찾았다.

커피 집에 커피 향과 어우러진 말들, '고맙습니다' '감사합니다' '잠시지만 그대들 덕분에 행복했습니다'란 말맛에 웃음기가 섞여서 6월의 한 나절을 채색하고 있다.

나의 발걸음은 가볍고 가슴은 열기와 향내와 감동으로 훈제되어 간다. 그곳은 나에게 특별한 공간으로 남고, 그 앞을 지날 때마다 나는 커피 향에 특별한 날의 추억까지 곁들여 행복을 수없이 복사해낼 것이다. 복사량이 많을수록 복사물이 흐려지듯, 세월이 많이 흐를수록 그 향도 서서히 흐려질 터, 수시로 곳곳에다 사람 향을 묻어두면 되는 것, 바로 사람의 마음을 읽어주는 일에 집중하는 것, 그리하여 내 어머니 외에도 이해 불가한 그 어떤 사연에도 향을 묻어둘 것을 나에게 주문한다.

"주님 어떠한 처지에서도 그 사람에게 들어있는 영혼을 생각하고 살게 도우소서. 망가져 가는 육신이야말로 오히려 영혼이 온 곳으로 가까이 다가가고 있다는 증거일 것이니 숨어있는 생명을 보게 하소서. 나의 의식이 젊은이를 닮게 하소서. 살아보지 않아도 나보다 20년을 더 산 내 어머니를 이해하는 능력을 허락하시옵소서. 딸이 몰라주면 서운하시잖아요. 젊은이는 내가 서운해 한다는 것을 읽었잖아요. 55년은 덜 산 것 같은데요. 관계에서 보더라도 딸이 커피 집 점원보다는 살가워야 하는 거잖아요. 지치지 않게 이끌어 주십시오. 6월의 폴 바셋을 잊지 않게 해주세요."

(2019 수필시대)

어머니가 웃었다

　91세 내 어머니는 외롭다. 어머니를 외롭게 하는 주범은 세월이 아니라 조금씩 둔해지는 두뇌 활동과 풀지 않고 간직한 기억들이다. 우리 자매들은 어머니를 웃게 하기 위해 종종 이벤트를 벌이지만 아들과 함께해야만 환하게 웃어서 딱하다. 어떻게든 어머니가 웃으면 좋다. 아들은 어머니의 보호자겸 의존할 남성이고 딸들은 어머니에게 가장 중요한 역할을 해주는 조력자다. 우리 네 자매는 어머니가 돌아가시고 나서 후회하지 않기 위해 틈만 나면 어머니의 웃음이 보고 싶어서 이벤트를 벌인다. 집안에서는 한계가 있어서 밖으로 나가보기로 했다. 워낙 부부로 해외나들이를 많이 다녀서 아들딸과 재미나기를 기다린다. 우리는 꽃놀이로 복잡해지기 전에 어머니를 모시고 온천이라도 다녀오자고 의견을 모으고 속초로 1

박 2일 여행을 떠났다.

"어찌 이리 좋은 날이 왔다냐. 날마다 딸들 하고 다니다가 자고 또 떠나면 좋겠다."

어머니는 한 끼 식사비에 보태라고 20만원을 내놓고 차에서 마시라고 커피와 빵도 준비하였다. 어머니의 여행 방식대로 준비를 갖추었다. 어딜 가나 남에게 민폐 끼치지 말고 떠난 뒤에 욕먹지 말라는 게 어머니의 부탁이다.

콘도에 방을 정하고 여장을 푼 다음, 곧바로 온천으로 향했다. 어머니는 좋다는 말만 연거푸 쏟아냈다. 딸들 데리고 왔으니 맛있는 것만 골라서 먹이고 싶다고 노래하여 어머니가 그러고 싶은가 싶어 대포항에 가서 회를 떠가지고 콘도로 입실했다.

한 동생은 어머니 웃기기 이벤트용으로 티셔츠를 준비해 와 다섯 여자가 여행단복을 입고 기념사진을 찍었다. 오늘 하루는 어머니를 위해 재롱잔치를 하는 날이다. 이래서 웃고 저래서 웃고 허리가 휠 지경이다.

또 한 동생은 화투를 두 벌 가져와 천사 화투를 치도록 바람을 잡고 어머니를 합석시켰다. 뉴스에 관심을 가지지 않도록 화투장을 펼쳤다. 이는 어머니의 인지능력 테스트와도 같은 치매방지용 화투치기이다. 천사 화투치기로 불리우며 점수를 덜 내야 이기는 화투치기이다. 광을 보면 쓰레기처럼 버려야 하고 오직 껍데기만 따먹으라고 해도 어머니는 전통 방식의 화투를 치고 있다. 아무리 일러

주어도 광이 보이면 얼른 따먹으려고 준비를 하고 청단 홍단을 하면 좋아하며 약값을 치르라고 한다. 우리는 몇 바퀴 돌아가는 동안 어머니의 인지 정도를 파악할 수 있었다. 터무니없는 말로 그동안 우리를 힘들게 하였는데 이제는 화투치던 어머니를 생각하면 참을 수 있다. 말에 상처를 입고 마음도 상했다. 하고 싶은 말을 분간 없이 내려놓으며 아무 가책이나 미안함 같은 것이 없었다. 베란다 화단을 손질한 딸은 꽃도둑이 되고, 냉장고를 치워준 딸은 두부를 가져간 좀도둑이 된다. 어느 날 겨울옷을 정리해주다가 어머니 옷을 걸쳐보았다. "어떻게 하면 입고갈까 하고 징그럽게도 고생한다" 하는 말이 등 뒤로 들린다. 그래도 그냥 놔둘 수가 없으니 우리 모두는 도둑이 되어 어머니를 괴롭힌다. 그런 증세는 보편화된 치매 초기 증세로 알려졌으므로 차라리 상처를 받지 않는다.

  그러나, 잘못된 생각을 반복하여 외치면 수정해 주지도 못하고 죽을 맛이다. 슬프고 속상하고 걱정스러운 이야기만 반복 쏟아내어서 질리게 한다. 누구나 그렇겠지만, 인생의 말기라서 그런지 잊혀질까봐 걱정이 되는지 이러한 것들은 이렇게 기억하고 저런 것은 저렇게 기억하라고까지 가르쳐준다.

  "그날 엄마와 재미나게 웃었는데 엄마가 가시네" 이렇게 추억에 대한 문장도 지어준다. 어머니와 잠시라도 평온하게 지내려면 교정할 의지를 버려야만 가능하다. 입이 닳도록 설명하고 반복하다가 보면 달라질 것이라고 생각했으나 헛수고였다. 이번 여행은 어머니를 파악하는데 의미 있는 여행이 되었다. 화투놀이의 규정을 이해시키고 연습을 한 다음, 학습이 된 듯하여 적극적으로 안내해보았지만 새 판이 깔리면 싸그리 새잡이다. 광을 버리라고 하면 어김없이 후렴구가 등장한다.

"따 먹어야 좋은 것인데 버리라고 하니 무슨 이런 몹쓸 세상이 다 있다냐."

"엄마, 우리는 천사니까 다 주고 껍데기만 가지는 게 좋아. 광도 주고 약도 주고 띠도 주고 다 주는 거야. 어쩔 수 없이 먹게 되는 것은 팔자야. 엄마 따 먹으라고 놀리면서 광을 내주어도 천사니까 싫다고 해야 해."

그래 놓고 마구마구 광을 내던진다. 어쩌다가 재수가 나쁘면 버린 광에 광이 나와서 광 폭탄을 맞는다. 그것을 보여주어도 소용이 없다. 하는 수 없이 광을 6개 모으면 이기는 것으로 룰을 정했다. 아니나 다를까. 광을 먹으며 부자 된 듯 환하게 웃는다. 우리는 고칠 수 없다는 것을 그날 밤 확인하였다.

그럭저럭 웃는 시간은 지나고 모여서 기도회를 열었다. 그 자리에 없는 형제들을 위해 기도하고 각자 회개 기도도 곁들였다. 그동안 미안했던 내용을 기도에 담아 털어냈다.

그러나 어머니에게는 모든 것이 일회용이다. 그 어떤 것도 어머니의 선택을 바꿀 수가 없다. 늙는 단계를 넘어 조금씩 망가지고 있다. 아이가 배 속에서 성장하여 세상으로 나왔다면, 지금 어머니는 망가져서 버려야 다음 세상으로 나갈 수 있으므로 잘 살고 있는데 보는 우리가 생명의 질서를 온전히 받아들이지 못해 안타까워하고 있는 것 같다.

퇴실 준비를 하는데 식탁에 만 원 권이 놓여 있다. 그동안 해외여행을 자주 다녀서 팁을 주고 나온다는 것을 기억에서 건져냈지만 틀렸다. 천원이 만원으로 둔갑하였다. 돌아오는 길에 옛날 다방 냄새가 물씬 풍기는 찻집에 들렀다. 테이크아웃 잔에 담겨 나온 커피를 들고 어머니가 환하게 웃는다. 젊은이들이 낭비한다고 뭐라고 나무랄 때는 부러웠던 거였다.

"내가 언제 이래 보겠냐. 좋다, 참 좋다."

젊은이들의 전유물도 내가 하면 내 문화가 되는데 우리 어머니는 그렇게 하지 못한다. 지금도 주도적으로 선택하지는 않는다. 어머니뿐만 아니라 어느 의사선생님도 짜장면 값하고 맞먹는 커피를 사 마실 수가 없어서 빙수는 사 먹어도 커피는 집에서 마신다고 술회했다.

어머니를 웃게 하려면 아들을 등장시켜야 하는데 드디어 아들과 함께하지 않아도 어머니가 웃었다. 급하게 웃는 사진 한 장을 건졌다. 아주 자연스럽고 편안해 보인다. 억지로 만들 수 없는 표정을 건졌다. 사진 제목은 '우리 엄마가 웃었다'이다.

(2017.수필시대)

어머니가 노래를 불렀다

 봄꽃이 한꺼번에 피어 꽃 몸살을 앓는다. 그러나 그것도 잠시, 어느새 연둣빛 이파리가 세상을 아련하게 채색한다. 새벽 안개에 묻힌 나무들이 비린내가 날 듯한 연둣빛 이파리로 움을 피워 몽환적 분위기를 만들어낸다. 정확하게 보이지 않는 물상들과 추억이 하나인 듯 어우러져 어느새 그리움으로 바뀐다.
 직장마다 단체마다 야유회며 봄 행사를 운운하며 사람들은 나무의 부름에 응하고 만다. '미세먼지 나쁨' 경고에도 아랑곳 하지 않고 집을 나선다. 들로 산으로 나간다.
 92세 내 어머니는 나들이 가는 다른 사람들로 하여금 가슴이 술렁거리는 일이 생기지 않도록 미리 여행을 다녀왔다.
 "엄마, 저 사람들은 이제사 여행을 가는가 봐요."

천만다행이다. 요새는 나날이 분위기가 어두워지는 바람에 우리 4자매가 만나면 어머니를 웃기는 게 목적이 된다. 이번 주에는 어머니가 더 시무룩하다. 왜 그런가 생각해보니, 성당 교우들이 어머니를 모시고 성지순례를 가자고 하는데 따라나서야 할지 거절해야 할지 갈피를 못 잡고 갈등을 한다. 당연히 따라 나서지 말아야 한다. 속으로는 같이 가고 싶어서 운동을 더 열심히 한다. 휘적거리는 몸짓으로 자그마치 3시간을 걷고 돌아와 힘들어 한다. 말도 안 되는 자학이다. 기운 없는 것이 운동 부족으로 이해되어 운동만이 살 길이라고 알고 있다. 걸으면 살고 누우면 죽는다는 말의 노예가 되어 기운을 탕진하면 누울 수도 있다는 것을 간과하고 있다. 뭐든 많이 하면 좋은 것으로 착각하는 병을 치료할 길이 없다.
　우리는 어머니를 웃게 하기 위해 소파에 앉히고 내가 가져간 옷가지를 입어보이며 온갖 지나간 이야기를 소환한다. 어느 누구도 준비 없이 남을 웃게 할 수는 없으므로 언제나 이벤트가 끼어든다.
　동생들은 어머니 앞에서 슬쩍슬쩍 쇼를 한다. 그러면서 웃고 지나간 이야기를 꺼내서 버리도록 도울 심산이다. 어머니는 마음에 씹던 껌이 붙어서 안 떨어지는 듯, 불편한 마음자리를 반복 뜯으며 울상이다. 부럽거나 안타까운 느낌이 조금 강렬하게 다가들면 그날부터 그 이야기로 시간을 도배한다. 똑같은 이야기에 질리지도 않고 상처받는 우리는 귀를 막고 싶지만 엄마니까 듣는다. 수세미질 하는 손길처럼 같은 자리를 반복 닦아 마음의 검댕이를 벗겨낸다. 서운한 감정을 털어내도록 돕고 미운 감정을 지우도록 안내해도 소용이 없는 것 같더니만 반드시 안 되는 것은 아닌 것 같다. 지난주부터 나는 질문을 던지고 답은 다음 주에 듣겠다고 하였다. 결코 생각을 멈추지는 않는 어머니였다. 도움이 필요할 것 같아 지난주부터 질문을 시작하였다.

"엄마, 아무리 아버지가 야속하고 서운하다고 하여도 엄마에게 아무것도 고맙게 한 것이 없고 준 것도 없을까요? 사람이 살아가는데 가장 중요한 것을 주었는데 엄마가 그것을 모르고 있는 거지요. 다음 주에 올 때까지 한번 찾아보고 말해 주세요."

이 말을 마음에 담아 두었는지 내가 간 사이에 곱씹었던 모양이다.

"느그 아버지가 한 가지는 확실히 해주었다. 나는 느그 아버지가 직장에 다니는 동안 세상 어느 누구도 무서운 사람이 없었다."

"보세요. 어느 누구도 모든 것을 다 갖추고 만족시켜 줄 수는 없잖아요. 다 가져도 그러한 자신감을 가지게 하는 남편도 흔하지 않아요. 역으로 아버지는 엄마가 다 좋았을까요? 그래도 대놓고 한번도 우리에게 투정하지 않았어요. 아버지가 머리가 좋다고 직장에서 소문난 것도 있지요. 그 덕에 자식들이 공부하고 살아가는데 엄마를 고달프게 하지 않았잖아요. 어른이 되어 부모를 고생시키지 않고 이날까지 살았던 것이 어머니가 고생한 덕도 있지만 아버지 덕도 있어요. 가장 중요한 것을 놓치면 모르는 사람이 실수하는 것이니 감사하고 나머지 인생을 살아갑시다. 엄마. 엄마는 역시 생각했다 하면 확실하게 답을 찾네요. 엄마 멋있어요. 엄마는 역시 답을 잘 찾네요."

이로서 마지막 길에서의 인생 통합에 도움을 드리고 못마땅한 사람들을 싸잡아 엄마편이 되어 마구 험담에 동참했다. 그것까지 막으면 더 힘들어서 안된다고 했다. 부분 치매란 병은 참 고약하다.

밥솥에 버튼을 누르고 밥이 될 때까지 기다리는 동안 동생과 나는 그냥 자고 아침에 가자고 약속을 했다. 집에서 입을 옷을 찾아 입고 나섰다.

"안되겠어. 엄마. 이 옷이 너무나 마음에 들어서 벗어놓고 집에 갈 수가 없어. 오래 입고 있어야겠어. 이 옷 입고 자고 갈 거야."

"오냐, 그래라."

어머니의 얼굴에 화색이 돈다.

"그 옷 입고 외출도 해라."

"엄마 집이 좋아서 여기서만 입을래."

이리하여 마음을 결정하고 나니 어머니가 콧노래를 부른다.

"오늘도 걷는다만은 정처없는 이 발 길… ." 노래 가사가 조금 서글프다

오란 데는 없는데, 봄날 길을 나서서 마냥 걷다가 보니 이 노래가 나왔을 터. 나는 어머니가 이 노래를 안다고도 믿지 않았다. 평소에 어머니가 노래 부르는 소리를 들어보지 않았다.

이때다 싶어서 "엄마가 노래를 불렀다" 동영상을 찍기로 했다. 양팔에 딸들을 끼고 앉아서 음정박자 다 틀려도 노래를 부른다. 일부러 코를 막고 쇼를 하고 다시 하기로 했다. 한번 더 부르도록 하기 위한 수작이다. 머리가 엉망이라 두건으로 묶고 엄마는 공주님 옷 같은 원피스로 앞을 가리고 촬영에 돌입했다. 웃지 않을 수가 없다.

"이래 가지고 맨날 걷기만 하면 쓰겠냐."

말을 마치기도 전에 깔깔 까르르 고개가 뒤로 젖혀지고 허리가 아프게 셋이서 웃는다. 내 어머니가 웃으니까 좋아서 웃고, 어머니에게 아직 상상이 남아있는 게 고마워서 웃고, 내가 이렇게 할 수 있는 여건이 되어서 웃는다.

다음 날, 다른 동생에게 그날 밤처럼 다시 한번 웃어보면 좋겠다는 말을 들었다. 자다가 부름을 받을지 겁나 하는 내 어머니가 '함께' 잔다는 말에 행복이 찾아드는데 일상을 한 공간에서 함께하지 못하는 것이 늘 죄스러움으로 남는다.

(2018. 4)

사용설명서

　성당의 연중행사인 바자회는 행운권 추첨으로 끝이 난다.
　성당 마당에서는 추첨행사가 진행되고 나는 강당에서 일 마무리를 하고 있을 때, 내 이름이 호명되었다. 나는 설렜다.
　"나에게 행운이 오다니…."
　얼떨결에 시상대에 다가서니 상자 두 개가 내 팔에 올려진다. 집에 와서 열어보니 고급진 기능성 냄비 세트였다. 외장도 멋스럽고 기능까지 곁들여져 있다. 그러나 이미 사용하던 것들이 있어서 금방 그 제품을 사용하게 되지는 않았다. 다만 부엌의 한 자리를 차지하고 있으면서 행운의 그날을 상기시켜준다.
　그 냄비에 처음으로 전골을 끓였다. 불을 끄고 냄비뚜껑을 여는데 움직일 기미가 보이지 않는다. 열이 내려가면 열리려나 하고 기다려도 여전히 뚜껑은 열리지 않는다. AS센터에 전화 문의를 하려 해도 토요일이니 월요일까지 기다려야 한다. 냄비 생각에 스트레스 지수가 높아만 간다.

월요일, 문의를 한 결과, 뚜껑 가운데 봉긋하게 솟은 고무 바킹을 옆으로 젖히면 공기가 빠져나가면서 금방 열릴 것이라고 안내해 준다. 알고 나니 간단하다. 사용설명서만 있었더라면….

사용설명서가 없어서 새 냄비를 행복하게 사용하지 못했지만 비단 냄비뿐은 아니다. 다 알지 못하고 사용하다가 사고를 내는 일은 우리 주변에 비일비재다.

7살 어린 아이가 차 사고를 냈다. 어머니 옆에서 곁눈질로 배운 운전을 너무나 해보고 싶은 나머지, 어머니의 차 키를 들고 나가 사고를 내고 말았다. 지그재그로 차선을 넘나들며 운전하는 모습을 보고 이상히 여기던 사람들이 혹여 향정신성 약물을 복용한 것은 아닌가 싶어 의심을 하며 피해갔다. 이상히 여겨 추적하여 잡고 보니 어린 아이였다.

사람이 자기가 가진 다양한 기능을 온전히 사용하기 위해서는 이론과 실기를 배우고 조련자를 통해 실습을 거친 다음, 혼자서 해야 실수하지 않는다. 그러나 동물은 문자 교육을 받을 수 없으므로 철저히 '엄마학교'를 거쳐서 홀로 선다. 그들이 먹이 구하는 법을 관찰하고 익히는 장면을 TV에서 보았다. 새끼너구리가 이상한 행동을 반복한다. 한 발을 들었다 놓더니 고개를 절레절레 흔들기를 반복하는 거다. 그냥 흔드는 것이 아니라 아찔할 정도로 휘익 돌린다. 바로 어미가 뱀 잡는 것을 눈여겨 보아두었다가 혼자 연습하는 거였다. 한두 번이 아니라 그 동작이 몸에 붙도록 반복하는 것을 보았다. 덮치고, 한 발로 누르고, 물고, 흔들고, 패대기쳐서 녁다운 시키는 데까지 순차적으로 연습을 한다. 어미가 없는 자리에서 계속 익힌다.

  그들에게는 삶의 사용설명서가 없으므로 시범을 보여주며 가르치는 것이 전부다. 그러나 동물들도 개중에는 호기심이 더 많은 놈이 있다. 고래 새끼가 제 몸 사용 교육을 제대로 받지 않고 엄마 곁을 떠나 배에 탄 사람에게 다가갔다가 배의 프로펠러에 꼬리지느러미가 잘리는 사고를 입었다. 결국 그 고래는 회생이 불가능하여 안락사 되고 말았다.

  우리네 인생에서도 몸과 마음과 영혼의 사용법이 각기 다르다. 부모로부터 보호받으면서 익히고, 교육기관에서 배운 다음, 세상으로 나가 자신을 사용하면서 성인으로 살아야 한다.

  세 살 버릇 여든 간다고 하는데, 그 시기에 전쟁을 겪거나 병치레를 하고나면 옳게 사용법을 배워 익히지 못해서 평생 고생하는 사례도 얼마든지 만난다. 평화로운 시기에 태어났다고 하더라도 방치되었거나, 함부로 키워졌으면 가치관 형성에 전혀 도움이 되지 못하게 성장된다. 그래도 학교교육을 통해서, 종교기관에서의 도움을 받아서, 책과 세상을 통해서 얼마든지 사용설명서를 대신 하는 부교재가 있어서 고쳐가며 완성도를 높여 살아갈 수 있다.

철부지 아기 고래는 꼬리지느러미가 잘려 목숨을 잃었고 현대인들은 양심이 잘려서 인생의 중간 지점에 감옥으로 가고, 정신과 병동으로 가고, 골방에 들앉기도 하는 일이 벌어지고 있다.

사용설명서를 곁에 두면 무엇하랴. 사용설명서를 붓으로 카피하고 정성들여 책자로 묶으면 무엇하랴. 본질을 터득하고 가르침대로 살아야 건재할 것인데…. 나에게 몸과 마음과 영혼의 사용설명서는 바로 성서이다.

새 냄비의 고무바킹처럼 문제해결의 키가 되는 내용이 거기에다 담겨있기에 나는 살다가 뚜껑이 열리지 않으면 성서를 뒤진다. 사용설명서의 안내에 감동을 받고부터 나는 잘 읽기 위한 공부도 하고, 닳아지도록 읽으면서 낙서도 해두고, 줄긋기도 해두었다.

그럼에도 불구하고 아직도 나의 마음을 잘 사용하지 못해서 종종 평화가 깨진다. 그냥 6·25탓이라고 핑계대고 슬그머니 수렁에서 빠져나올 때도 있다. 반복훈련을 하던 새끼 너구리가 아른거리는 새벽이다.

살다보면

살다보면 잊혀지지 않는 사람도 있고 강론도 있습니다. 내 나이 31살 때 들은 강론이 내가 흔들릴 때마다 나를 잡아주고 있지요.

어느 마을에 약간 어리숙한 머슴이 살고 있었다지요. 그는 주인의 청을 거스를 줄 모르고 살면서 답답하면 나무에 올라가 노을 구경하는 것이 유일한 낙이라고 합니다. 어느 날부터 그를 찾다가 없으면 나무 위를 쳐다보게 되었고, 어김없이 그는 홰에 오른 닭처럼 나무 위에서 노을을 보고 망중한이 되어 있더라는 이야기지요.

주인은 머슴에게 한계가 왔다는 것을 알고 머슴살이를 면해 주기 위해 신통치 않지만 밭뙈기를 내어주며 독립을 시켰습니다. 그는 자기 소유의 밭이 생긴 것이 좋아서 날마다 밭에서 살았다지요.

돌을 골라 밭을 비단처럼 가꾸고 거기서 나온 돌로 밭 가장자리를 정돈하며 신바람이 납니다.
 그러나 주변에는 언제나 남 잘 되는 것을 보아 넘기지 못하는 부류가 있게 마련, 그들은 머슴이 돌을 치우기가 무섭게 다른데서 돌을 가져다 그 밭에 던져 놓았지요. 뭉친 흙을 다 부수어 곱게 다듬어두어도 하룻밤만 자고나면 난장판이 되는 겁니다. 그래도 그 머슴은 하느님께 감사하다고 합니다.
 "어찌 아셨습니까 주님, 제가 혼자 경계석을 주워올 수가 없으니 이웃사람들이 이렇게 던져주는군요."
 그는 콧노래를 부르며 연신 그 돌로 경계를 이쁘게 만들어갔지요.
 놀리는 사람의 심리는 앵앵거리며 덤빌 듯 날뛰어야 흥미를 느끼는데 그 머슴이 저항 없이 콧노래를 부르니 하다가 재미가 없어 그만 두었지요.
 그러나 놀리는 사람의 심보는 한번이라도 투정부리는 것을 보고 싶은 악이 발동 걸리는 겁니다. 이번에는 분뇨를 던지는 겁니다. 냄새는 진동했지만 머슴은 또 하늘에 감사를 하며 콧노래를 부릅니다.
 "어찌하여 저의 사정을 이리도 잘 꿰시고 혼자 거름 충당을 하지 못하는 것을 알고 이웃을 통해서 보내시는 겁니까. 감사합니다."
 그리하여 동네사람들은 그 머슴 놀리는 일에서 손을 뗐습니다. 재미가 없는 거지요.
 인고의 세월도 견딜 만큼 견뎌야 덕으로 돌아오지 단 한번으로는 불가능하며 시험 삼아 하는 일에는 덕이 오지 않는다는 것을 가르치고 있습니다.

종종 남 잘 되는 것을 심통내고 인정하고 싶지 않아서 트집 잡기 일쑤인 사람들을 만날 때마다 나는 그 강론을 생각합니다. 인생에서 남이 던지는 흉과 욕을 거름으로 삼고 살면 손해 볼 것이 없다는 것을 알지만, 우리네 자존심이 긁히면 잘 참아내지를 못하지요. 중심을 잡고 살다가 답답하면 나무 위에 올라가 노을을 보듯, 우리에게는 위로의 하느님이 있으므로 기도 안으로 들어가서 높이 올라가 만나보는 거지요.

돋아 오른 새순 하나에 감탄사 수백 개를 얹고 싶어 나는 오늘 서울 숲으로 갑니다. 봄을 맞으며 "얼마나 좋으면 이리 좋을까요."라는 인사말을 할 수 있다는 것도 생명을 건강하게 유지한 자의 특권이지요. 이미 내 손자 손녀가 새순 시기는 지났으므로 저들에게서도 욕망의 냄새가 슬슬 나기 시작합니다. 7살배기 막내 손자가 5천원을 주고 제 아빠에게 만원으로 바꿔 달라고 떼를 씁니다. 돈의 크기와 힘을 아는 거지요. 미운 7살로 보이지는 않아도 어린이 나름의 머리가 핑핑 돌아간다는 이야기이지요. 돌이켜보니 우리네 세월 속에도 저런 냄새가 깃들었었지요. 세뱃돈을 어머니가 빌려달라고 해도 절대로 손에서 내어놓지 않으려고 하다가 강제로 반납을 한 그늘진 세월이 있지요.

띵똥, 문자 메시지가 날아듭니다. 여동생을 하늘나라로 떠나보내고 이제 삼우제를 지낸다는 교우의 연락이 옵니다. 객지에서 동생을 불러 이웃하고 살다가 보낸 언니의 심정이 읽혀져서 마음이 아립니다. 오늘도 나는 7층 아파트 창으로 가서 한참 노을을 보아야겠습니다. 물 올리지 못하고 고사한 '사람나무'를 생각하며 하늘을 향해 영혼의 안식을 빌어야 할 것 같습니다.

생명을 다 태우지 못한 채 보내는 일은 힘듭니다. 그들에게는 결혼하여 멀리 사는 자매가 아니라 이웃에 두고 살피며 산 한 가족 같아서 더욱 애잔하기만 합니다.

어느새 내 가슴이 노을빛으로 물들고 있습니다. 잊힐만 하면 찾아드는 풍경입니다.

(2019. 한국아파트신문)

눈물에도 색깔이 있다

어려서 나의 별명은 울보였다. 어른의 표정만 바뀌어도 그만 눈물이 흘러서 제멋대로 흐르지 못하게 하는 방법을 찾곤 했다. 속상하고 억울한 감정을 말로 드러내지 못해서 생긴 눈물이 조금씩 고여 있다가 엉뚱한 상황에서 눈물보가 터지는 바람에 붙여진 별명이다.

아무리 어려도, 자신이 남보다 잘 안 되는 기질적 문제가 보이면 고치려고 들기에 어떻게 하면 눈물이 나오지 않고 내가 말로 나를 표현할 수 있을까를 늘 궁리하며 자랐다.

그러나 물을 가두어 두었던 저수지의 보를 열 듯이 나는 40세에 그 눈물을 다 흘려보내고 그 공간에 웃음을 담기 시작했다. 그때 이후 아무데서나 눈물이 흐르는 어려움을 겪지 않아도 되었다. 그 눈물 덕분에 오히려 영혼의 먼지까지 쓸고 내려가 맑아지는 것을 경험하였다. 그때 흘려보낸 눈물이 흙탕물색이었다면 요즈음 내게 흐르는 눈물은 감동으로 빚어진 눈물이라 무색의 투명한 눈물이라고 해야 맞을 것 같다. 최근에 딸의 눈에서 눈물이 도는 것을 보았다. 그 눈물의 색을 생각해 보았다.

딸에게 최근에 발표한 글 「살다보니」를 복사해주었다. 유심히 읽고 나더니 문자를 보냈다. 나의 글을 가장 먼저 읽는 독자가 되고 싶다고 자신의 '스승님'이라고 불러준다.

무슨 일에나 세상에서 가장 어려운 일이 가족에게 인정받는 일이다. 위선이 통하지 않고 사랑한 흔적이 없이는 거짓 증언을 기피하는 관계이므로 가족에게는 가장 정직하고 진실되게 대응하며 살아야 하는 사이다.

나랏님도 백성의 신임을 받고 출발하면 걱정이 적지만 신뢰도가 떨어지면 일을 펼쳐나가는데 걱정이 앞을 가려 오버하거나 위축될 수 있다. 하물며 같은 공간에서 속속들이 보고 느끼면서 산 가족들이 쓴 글을 읽으면서 인정하기란 부단히 투명하기에 노력하지 않으면 어려운 법이다.

글로서가 아니라 말로 조언을 하더라도 때가 이르면 거부하고 때가 늦으면 후회하므로 조언에도 타이밍이 맞아야 진정한 조언이 될 수 있다.

결혼하여 잘 살고 있고, 부모 마음을 상하지 않게 하는 자식에게는 조금 소홀하기 쉬워서 나는 살면서 그 점을 경계했다. 부모가 부족한 자식에게만 매달리면 일찍 가정을 안정되게 꾸리고 사는 자식과의 사이에 사랑의 균형이 깨져서 은근히 아파한다. 그것을 아는 부모는 시기를 달리하여 마음을 채워주는 일에도 소홀히 하면 안 된다는 것을 경험으로 알아버렸으니, 안 것은 실행해야 좋은 삶으로 이어진다. 나는 내막을 설명하고 잘 살아준 것이 효도라며 포상금을 주었다. 부모가 주는 것은 쌀이 아니라 사랑이라고 말해주었다. 딸은 여유가 있으니 안 주어도 된다고 하면서 눈물을 흘렸다. 그 눈물의 의미를 나는 안다. 드러내지는 못해도 자신도 받고 싶었던 거였다.
　예쁘게 잘 살면 더 주고 싶어지지만 급한 불부터 끄는 게 사는 일이라 자식은 그 상황을 치우친 사랑으로 오해하기 십상이다. 양쪽 유방의 크기가 비슷해야 가슴이 아름답듯이 내 자식 둘을 향한 사랑도 균형 잡히게 담아주고 싶었다. 내 딸이 흘린 눈물을 색으로 표현한다면 무슨 색일까를 상상하는 것도 삶이다.

　눈물이 나지 않는 한 여인이 번뇌하면서 병원을 전전하였다. 어느 날 한방 병원에서 침을 맞고 쑥뜸을 쓰던 날 눈물이 흘러서 감동하였다는 이야기를 들었다. 세상 사람들이 흘리는 눈물의 색깔과 농도를 어느 기기로 재볼 것인가. 어느 크레파스로 칠해 볼 것인

가. 오묘하고 다른 색의 눈물이라 정서의 가닥에 따라 눈물의 성분까지 다르다니 눈물박사 강의라도 들어보고 싶어진다.

  내 남편은 일찍 부모를 여의어서 울 수도 없었다. 가슴 어딘가에 눈물보가 만들어져 있었던가. 이산가족 찾기를 할 때, 매일 일찍 퇴근하여 손수건을 들고 텔레비전 앞자리를 지켰다. 찾을 사람도 없으면서 슬픈 사연에 매달렸다. 타인이 자신의 슬픔을 건드려주면 눈물보를 열어 눈물 쏟아내기를 반복하더니 내적 치유가 되었는가 그때 이후로 얼굴이 밝아지고 잘 울어지지 않는다고 한다.
  그런데 퇴임 후에 함께 성당에 다니는 남편이 자신은 전혀 믿음이 생기지 않아서 나와 동참하는 정도에 그친다더니 사순시기에 십자가에 못 박히는 예수님을 생각하며 눈물이 난다고 한다. 그 눈물을 그릴 때 나는 어떤 색으로 칠할까 생각해본다. 은혜가 사막에 물길을 터주는 일이므로 어찌 감사하지 않을 수가 있을까. 욕심 부리지 않고 조금씩 조금씩 다가가는 훈련의 시기, 그래서 4월이 잔인하다는 말을 거둔다. 올해는 평소와 다른 눈물의 색을 보았으므로.

3.
바람에 깃든 향

인생가계부

  나는 지출 기록인 가계부를 적지 않는다. 지출의 규모와 흐름을 파악하는 정도에 그쳐도 나로서는 충분하다. 잘 살기 위한 기록이 강박으로 바뀌면서 나를 힘들게 만든다. 특히나 돈의 지출 내역만 적는다는 것은 내 삶에 그리 합당하지 않아보여서 결혼 초기에 잠시 적어보다가 포기하였다. 더 이상 절약하지 못할 만큼 빠듯하게 신혼살림을 시작하여서 한 달 지출하고 산 내역을 다 외워서 늘어놓을 수 있을 정도였으니 의미가 있을 리가 없다.
  중년에 들어서서는 결혼 전에 잠시 해보던 '정서가계부'를 적어보았다. 조금은 쓸 돈이 생겼다는 이야기가 된다. 물건을 사는 것보다 돈을 쓰고 무엇을 얻었는지를 알아보는 내 나름의 숫자가 적히지 않는 가계부였다. 어디에 가서 무엇을 했으며 무엇을 느꼈는지를 적는 가계부다. 그러자니 가성비를 저울질 하지 않을 수가 없다. 책값에 비해 얻을 게 없다던가, 음악회에 너무나 경도되어 다닌다거나, 준비 없이 본 그림에 대해 미안해한다거나, 커피 값이며 축하카드 비용이 의미 없이 지출이 크다는 등의 내용이 실린다. 자각증세로부터 달라지는 것은 커피 기구를 구입하여 맛난 커피를 내려먹는 습관을 들이기도 하고, 즐겨 찍는 사진 중에서 골라 카드를 직접 제작하여 사용하기도 했다. 이 모든 것들이 지금은 다 옛이야기가 되었지만 가계부를 적는 일로부터 파생된 변화였다.

아이들이 크면서 40줄에 들어서 나는 글을 쓰게 되었고 나를 성장시키는 일에 시간을 할애하였다. 자연스럽게 일정표를 두고 살게 되었다. 달력에 메모를 하는 것이 아니라 매일 일정표를 적고 살아간 지 30년이 지난 셈이다.

어찌된 일인지 요즈음에는 그 일정표에 표기하는 방법이 조금 바뀌었다. 최근에는 건강에 관해 체크하는 종목이 늘었다. 정기검진, 부분적인 검사를 주기적으로 하다가보니 검사 결과에 한 가지도 이상이 나오지 않아서 환호성도 질러보았다.

사우나 디톡스 작업을 한 날에는 그냥 스티커를 붙여둔다. 몸이 가볍고 개운하다는 느낌이 들면서 빈도수가 늘어나는 것 같아서 한눈에 보고 조절을 한다. 염색이나 퍼머를 하기 위해 미용실에 드나드는 일도 그렇게 체크해본다. 소비된 시간과 비용을 남과 나를 구분하여 적어보기도 한다. 이기와 이타를 보는 방식이다.

결국 내가 다니는 장소에서 무엇인가 자극을 받고 그 자극이 나에게 어떠한 영향력을 미치는지를 살피는 것이 내 일상의 인생가계부 정리를 하는 셈이다. 성찰 노트라고 해도 그다지 틀린 말은 아닐 것이다. 그러자니 자연스럽게 분위기를 살피는 내가 보인다.
　어느 집단이든 불평불만이 많거나, 정치색이 짙은 대화가 오가는 자리거나 지나치게 언로가 막힌 자리는 피하고 싶다. 내 선택이 그러하니 나 자신도 불평불만을 하지 않도록 생활을 다스려주거나 타인에게 악취같이 느껴지지 않도록 한번이라도 더 살피게 된다.
　내 건강에 문제가 생기면 나는 일단 쉰다. 엄살도 한두 번이고 위로도 한두 번이다. 아픈 사람들이나 장애인들은 자기 본위로 생각하는 경향이 있어서 너그럽지 않으면 함께 지내기가 어렵다. 내 에너지를 퍼서 나누어주던 날들이었는데 이제는 나도 충전하고 살아야 할 때가 도래하여 최고연장자가 되어도 목소리는 가장 젊다 하니 중창단 자리에서 즐겁게 노래를 부른다.
　장기 하나 없는 사람도 많고, 약봉지 수가 는다고 건강보고서 작성하듯 외는 사람들도 늘어서 가능하면 무엇인가를 추구하면서 나눌 매체를 가지는 게 좋다는 생각이다. 하루를 살고 나서 기록하는 것이므로 내 나름의 방법으로 분류하여 인생가계부를 적는다. 건강 챙기기, 봉사로 보람 유지하기, 재미로 내 인생 충전하기, 내적 칭얼거림을 들어주며 쇼핑이나 만남을 가지기, 여행으로 공간 넓히기, 독서로 소양 놓치지 않기, 만남으로 고집붙이지 않기 등등의 항목이 주로 적힌다. 그날그날 한두 편 글로 완성하기에 컴퓨터 앞에 앉아있는 시간도 상당히 많다는 것을 알 수 있었다. 내가 주기적으로 이어져 오는 일상의 기본 축을 지키고 틈새로 일탈을 한다.

내게 있어 잘 산다는 것은 잘 참고, 참는 동안 터지지 않고 잘 견디어도 내 안에 정서적 쓰레기가 남아있지 않게 하는 것이다. 재미와 가치 사이에서 어찌 번뇌가 없겠는가. 글쓰기는 내 인생을 표현하여 분리수거 하는 일이다. 때때로 옆길로 새서 한참 가다가 보면 되돌아와야 할 때가 보인다. 그날이 바로 어제였다.

최근 수도원에서 파견 나와 우리 성당에서 영성학교를 열었다. 파견된 수녀님의 강의를 들으면서 한번 만나서 신앙체험을 점검받고 싶다는 생각이 들었으나 그냥 생각으로 그쳤다.

그러나 그 생각이 수도원에 초대된 사람에게 가닿았는지 같이 가지 않겠느냐는 제의가 들어왔다. 당연히 수락이다. 잠깐이지만 틈새에 내가 묻고자 하는 내용을 간단하게 물었다. 영적 발달 단계를 상징으로 표현한 것이며 그것을 이미지화 한 것이라고 말해도 되겠느냐고 물었다. 아주 쉽게 답을 얻었다. 소리를 질러도 못 알아듣는 경우가 있지만 건드려만 주어도 잘 익은 수박 쪼개지듯 혼란이 지워지는 경우도 있다. 내가 할 만큼 하면서 준비되어 있을 때는 잠시 스쳐지나가는 단어 하나에서도 깨어나지만 무지한 상태에서는 혼란만 야기되기도 한다.

무엇보다도 은총이 허락될 때는 자유의지라고 말하는 것에도 어폐가 있다는 생각이 든다. 이미 누적되어 만들어진 성향과 내적 정보의 정도에 따라 길이 나기도 하고 인연이 닿기도 하는 관계가 아니던가. 그저 진득하게 방향성만 가지고 꾸준히 기도하고 생각하고 실천하면서 오답정리를 하다가 보면 때가 나를 찾아오기도 한다. 수도원에 갈 기회가 그렇게 주어졌고 발화한 내 마음의 염원은 자연스럽게 이루어졌다.
　어디 그뿐인가. 멕시코에는 멕시코의 성모로 발현하고 베트남에도 베트남의 성모로 발현하니 우리나라에는 우리의 모습인 성모가 발현하지 않는가 하는 생각을 하다가 한복 입은 성모 마그네틱을 하나 사려고 만지작거렸다.
　대화를 잠시 나누는 중에 수녀님이 자리를 뜨더니 세 사람에게 그 마그네틱 성모를 나누어준다. 나는 줄 사람이 생각나서 3개를 더 사서 가져왔다.
　내가 간 것이 아니라 가도록 안내된 것 같고, 내가 고른 것이 아니라 고르도록 내 안의 다양한 영적 정보가 그 이미지의 물건에 응답한 것 같았다. 내가 거기에 갔으니 일어난 일이고 내가 마음을 품어서 가게 된 것이니 모든 상황은 인과응보로 이어지고 있다.
　어디서 무슨 자극을 받았는가가 인생을 만드는데 주요한 역할을 한다. 자각하는 대로 발달하는 것이니까. 보이지 않는 계산이기는 하지만 어디에 몇 번 갔는지를 주기적으로 횟수를 적고 다녀와서 인식이 새로워진 것이 무엇인지를 살피는 것은 인생가계부를 꼼꼼하게 잘 적는 사람일 것이다. 당연히 발길이 가 닿는 것이 아니라 마음이 가닿아야 변화가 일어나는 것이므로 개인차가 있을 것이나, 그것 또한 그날까지 이어온 인생의 누적치에서 발화하는 감각이니 모두가 같을 수는 없는 일이다.

보고들어도 자극이 오지 않는 사람이 있는가 하면 건드리기만 해도 터지는 단계에 가 있는 사람도 있다. 자극으로 인하여 깨달음에 이르면 행동하는데 시간을 앞당긴다. 알면서도 행하지 않는다고도 하지만 엄밀히 말하자면 행할 수 있는 만큼의 에너지가 차지 않아서 늦추어지는 것이다. 잉태한 아이가 금방 출산으로 이어지지 않는 것과도 같다.

그날 수도원에 다녀와서 하룻밤이 지나자 내가 움직인다. 20년 남짓 같은 가구 배치를 하고 하루하루 급한 불만 끄고 살았는데 거실을 혁신하였다. 자리가 안정되고 환경이 말쑥하게 변하자 기분이 새로워졌다. 내면에까지 깊숙하게 빛이 가 닿으니 내가 행동하더라는 이야기를 하고 싶은 거다. 변화할 때가 찼다는 말이다.

죽는 날까지 몸이나 마음이나 환경이 변할 가능성이 열려 있으니 무엇을 두고도 입찬소리는 할 수 없는 일, 늘 깨어서 사람을 거울삼아 나의 인생가계부를 적을 것이다. 희망을 불어넣고 내가 깨우친 것을 공유하는 것도 인류애이기에 내 손이 건재하고 내 눈이 보이는 한 살아있다는 것을 증명하기 위한 글은 쓰게 될 것이다. 하루만 글을 쓰지 않아도 생각이 녹슬고 평온한 내적 상황에는 변화가 일어난다. 그래서 매일 글을 쓴다. 가계부를 적듯이 주제가 있는 일상의 글을 쓴다. 인생 가계부를.

(2019. 5. 수필문학)

내 나무 친구들

　20대 초반에 나는 교사자격증을 내놓고 의상디자이너가 되겠다고 국제복장학원을 다니며 스타일화를 그렸다. 그러나 새로 생긴 직업은 편집디자이너였다. 농과대학 교재를 만드는 출판사에서 펜촉 하나로 식물도감을 그렸고, 화훼작물과 전작, 수도작도 그렸다. 뽕나무의 종류에 따라 잎모양새도 다양하고, 풀에도 다 이름이 있으며 특징이 다르다는 것을 그때 알았다. 확실히 아는 만큼 보인다. 유럽여행 중 축산 농가를 지날 때 농장 근처의 팻말에서 풀이름을 만났다. 터키 그라스 이탈리안 라이 그라스, 오처드 그라스, 반가웠다. 대상을 알면 사랑도 더 깊다.
　그때 임학, 임업경영학 책을 만들 때 내게 땅이 생기면 나무를 심겠다고 마음을 먹었다. 그러나 평생 땅은 바늘 꽂을 만큼도 생기지 않았다.

 나무를 좋아하는 내가 땅이 없어 심지는 못하지만 나무와 함께 더불어 지낼 숲을 알아두는 일에는 부지런하다. 어디든 이사를 가면 다닐만한 숲을 먼저 알아둔다. 그렇게 하여 중곡동에서는 능동의 어린이대공원, 명일동에서는 남한산성, 청담동에서는 청담공원을 내 집 마당처럼 이용하였다.

 청담공원에는 30년 지기 내 친구나무들이 많다. 공원은 내 마당이나 다름없어서 하루에 한번이라도 눈도장을 찍어야 하루가 지나간다.

 가족들의 성장과 안위를 위하다가 아픔이 몰려들면 나의 한숨을 가족들에게 토할 수가 없다. 무심한 척하다가 새벽 2시에 집을 빠져나가 가로등불이 등 뒤로 비치는 배드민턴 장 앞의 시커먼 숲을 바라보고 대화를 이어간다.

 '그래 너네도 고달프겠다. 지나가는 사람이 아무 잘못도 없는데 가지를 꺾고, 인간이 불필요하다고 마구 톱질도 하고… 내 자식은 공부가 모자라서 합격선에서 잘린 것인데 뭐… 그런데 말이다. 내가 모감주나무를 닮아서 비록 꽃은 작게 피어도 내 씨앗을 무지무지 아끼고 보호를 일삼거든. 빛이 서린 에너지가 많아서 노랗고 잔꽃을 마구마구 피워낸단 말이지. 꽃은 장마가 올 즈음이면 미리 떨어져서 바닥까지 아름답게 물들이지. 눈물도 보이기 싫은데 빗물에 내놓겠니. 꽃은 자잘한데 씨앗을 품는 품은 커서 미니 럭비공을 세

개 붙인 듯한 형상의 초롱 안에 씨앗을 품고 익을 때까지 보호를 해. 그 꽃이 내가 가슴앓이 하면서 피워낸 내 수필이라고 보면 돼. 아포리즘 수필이라고 칭하는 짧은 글도 내가 떨어뜨린 꽃이야. 사람들이 좋아해 주었어. 꽃은 떨어져도 좋아. 내 새끼가 잘 익어야 하는 게 중요해, 너네는 알지. 바람이 불면 파도가 치듯 숲이 일렁이는 것을 멍청히 본 날이 몇 날인지… 자식 이야기를 어디다가 한다니. 감추고 익히지. 차라리 속도 없이 펑펑 울 수 있다면 좋겠지만 나는 그렇게 못해. 몰래 울거든. 그렇게 남편과 자식 둘을 지켜내면서 얼마나 운지 숲 너는 알거다. 숲아 말해 봐. 나 모감주나무 맞지. 나는 요즈음 세계의 평화를 위해 기도해. 이제는 잘 익혀서 껍질 열어 내려놓았거든. 너덜거리던 가슴도 아물었어. 네 덕분이야. 이젠 세상의 엄마들을 위해서도 기도하고 있어."

어느새 나는 나무 친구가 없이는 살 수 없는 사람이 되어버렸다. 숲은 모든 걱정을 녹이는 힘이 있다. 거친 마음에게 고요를 주는 힘도 있다. 내밀한 이야기를 다 들어주는 특급 귀도 있다. 숲의 나무는 항상 그 자리에서 나를 기다려준 친구라서 요새는 노래를 들려준다. 쓰다듬기도 하고 안아주기도 하고 이름을 지어 불러주기도 한다. 태풍에 쓰러져 부러진 나무에게 진혼곡도 들려주었다.

행사 차 숲에 온 어느 남자도 혼자 노래를 부르며 걷는 것을 보았다. 나도 조그맣게 따라 부르며 앞으로 쌩 달려나갔다.

"청산에 사알리라…."

그 목소리는 점점 멀어져갔지만 내 목소리는 점점 커졌다.
"나는 수풀 우거진 청산에 살리라… 세상 번뇌 시름 잊고 청산에 사알리라."

(2019. 자연사랑. 문학의 집)

안보재건 부자(父子)

이웃과 점심을 먹으러 갔다. 대구탕과 초밥을 시키고 정종을 한 잔씩 들었다. 우리 집 남자가 건배사를 한다.
"안보재건!"
나는 대뜸 못마땅한 표정을 지으며 거부반응을 보였다. 시치미를 떼더니 해설이 등장한다. 안전, 보람, 재미, 건강, 이 네 가지가 우리를 관통하는 단어여야 하므로 자주 외치자고 한다. 듣고 보니 멋진데, 그것을 다 가졌을 것 같은 청담공원의 축대를 쌓은 부자(父子)가 생각났다.

청담공원은 야트막한 동산인데 바위가 부스러져서 생기는 사토에 부엽토가 층을 이루고 있는 늙은 산이다. 수시로 언덕진 자리가 무너져 내리고 큰 비가 지나가고 나면 지형이 바뀌기도 한다. 해마다 복토를 해도 흙이 패이고 쓸려 내려가서 오솔길이 사라질 지경이다. 그 길 아래로는 골이 깊은 계곡이 있는데, 30년 전에는 완만한 경사지이더니만 지금은 낭떠러지처럼 변하고 말았다.

어느 날 공원으로 운동을 하러 간 남편이 오래 지나도 오지 않아 은근히 걱정을 하였는데, 어느 아버지와 아들이 축대를 쌓고 있어서 도와주느라 늦었다는 이야기다. 그날 다 쌓은 것이 아니라 공원에 올 때마다 쌓아 올려서 그날 마무리를 지었던가 보다. 남편은 사람이 만들어내는 아름다운 풍경 앞에서 자극을 받고 돌을 수차례 주워다 그들 부자에게 대령했을 터, 자연스럽게 보람을 공유한 3인이 되었다. 그들은 목장갑을 벗으며 얼마나 뿌듯했을까. 틈만 나면 큰소리로 정부를 비판하고 공무원들을 비난하는 사람들이 있는가 하면 말없이 공원을 사랑하는 사람도 있다. 누군지, 무엇하는 분인지 궁금했으나 나의 행복을 위해 덮기로 했다.

어쩌면 삶이 안정되어서 그 일을 하고자 하는 의욕도 생겼을 것이며, 자신이 살고 있는 자리라고 생각되어 마음이 열리고 손이 나갔을 것이다. 그 일을 하면서 부자가 호흡을 맞추는 재미도 느꼈을 것이며 그런 정신이라면 건강은 보장받을 수 있는 조건이 아닌가 싶기도 하다. 조촐하지만 아주 큰 그 일로 하여 보람까지 얻어서 '안보재건'을 획득한 부자임에 틀림없다. 나이가 더 들면 '그때는 할 수 있었는데 지금 같아서는 못할 것 같다'는 말도 나중에 나올 법하다. 누구에게는 건배사인 내용이 그분들에게는 현실의 삶인 셈이다. 그들뿐만 아니라 남편이 조금 거들었다는 이유로 공원에 드나들 때마다 나도 보람으로 다가온다. 앞으로 건배사를 두 줄로 바꾸기로 한다.
"안보재건!"
"맞아, 맞아, 맞아!!!"

바람에 깃든 향

"바람이 분다, 살아야겠다."

프랑스 시인 폴 발레리의 시 「해변의 묘지」에 나오는 시구(詩句)이다. 이 짤막한 시구가 숱한 예술인과 문학인에게 영감을 불어넣고 영화 제목이나 드라마의 대사, 책 제목에까지 등장한다. 시인 서정주는 바람 대신 꽃으로 말하고 있다.

"무슨 꽃으로 문질렀기에 이리도 살고 싶은가."

문질렀다는 단어에서 우리는 이미 기억에서 향내를 불러온다. 사람을 살리는 바람, 생기에 향이 깃들면 향기가 될 것이니 과연 시인은 시인이로다. 보이지 않지만 살게 하는 힘, 바람에 깃든 향내를 나는 오늘 진하게 만났다.

건강하게 잘 살아볼 것이라고 따끈해진 서재의 의자에서 궁둥이를 뗀다. 모자와 목도리, 장갑까지 야무지게 장착하고 지하도를 향해 간다. 걷고, 땀을 내고, 사우나로 갈 참이다. 지난해에 브루나이에서 4일 정도 지내고 오니 몸이 한결 겨울나기에 좋아서 인공적으로라도 덥게 만들어서 브루나이와 맞갖게 만들어볼 셈이다.

'뼛속까지 데워 오리라.'

지하도로 진입하여 걷다가 개찰구에 이르니 커피향이 기분 좋게 반긴다. 어떻게 해볼 수가 없이 황홀하다. 마셔서는 도저히 이 맛을 느끼지 못할 만큼 향내를 감당키 어렵다. 젊은 날 3·1빌딩 뒷골목의 풍경이 기억에서 피어난다. 환풍기로 뿜어져 나오는 커피향 때문에 잠시라도 멈추어 섰던 그곳이기에 나는 두리번거려 본다. 혹시 인공 향기를 뿜어내지는 않는지 찾아본다. 아무리 향내의 진원지를 찾아도 특별한 것이 집히지 않는다. 다시 걷는다.

"커피와 불고기, 고구마는 내리고 구울 때 피어나는 향으로 맛의 승부를 걸어야 해."

지하에서 생산되는 향기는 공중 산화하지 못해서 지하에 오래 머문다. 커피향이 편의점 근처를 맴돌다 사라지는 날과 달리 멀리까지 냄새를 밀고 가는데 반대편 출구에서 불어오는 바람과 맞부딪치는 곳이 바로 그곳인 거였다. 더 나아가거나 흩어지지도 않고 그곳에 머물러 있는 것은 문이 없이 오픈된 편의점에서 반복하여 커피를 내리니까 향이 그치지 않고 생산되는 거였다. 그러나 그곳에서 커피를 내리는 한, 나는 지하도에서 커피향을 맡을 것이라고 생각한 것은 착각이었다. 며칠 동안 향내를 맡으러 나갔으나 나는 맡지 못했다. 커피향이 실종되었다고 신고하고 싶었다. 걷기 위해 지하도로 불러내는 촉진제라고 생각했는데 시간대가 다르게 나가보았지만 그 후로 단 한번 향내를 만났다. 그날 바람은 없었다. 오히려 푸근했다. 그렇다면 커피를 내리는 횟수와 관계가 있는 것일까.

좋은 느낌의 사람이 그 다음에 만났을 때 전혀 그날의 그 느낌과 다를 때의 서운함을 닮았다. 그래도 좋은 기억은 지울 수가 없지 않은가. 편의점은 향내를 선물하는 것이 아니고 봉사정신이 강한 것도 아니다. 다만 커피를 내려서 팔 뿐이고 사람은 살면서 인격으로 향내를 풍길 뿐이다. 어쨌거나 뿜어냈으니까 내가 맡은 거다. 인격의 향내처럼.

상상을 품고 경기고등학교 쪽으로 걷는다. 이번에는 고구마 굽는 냄새가 발목을 잡는다. 종종 그곳에서 따끈한 종이봉지를 들고 나오는 사람들을 보았기에 미소를 짓고 지나갔다.

'고향 냄새에 졌구나.'

그러나 아무리 좋거나 나쁜 냄새도 오래 그 냄새와 같이 있으면 이내 동화되어 냄새를 의식하지 못한다. 감미롭거나 황홀하게 느끼는 사람은 금방 들어왔다는 증거이다. 내가 같이 살면서 내 남편에게서 풍기는 인격의 향내를 인지하지 못하는 것처럼. 나갔다가 돌아와야 새롭게 느끼는 것처럼.

시인들은 바람과 꽃향기로, 나는 웃음기로 생기에 향을 얹는다.

어느 오래 산 어른이 날더러 남편과 사이좋게 잘 살고 있다고 얼굴에 써졌다고 말해준다. 어느 인생인들 쓴맛 없는 인생이 어디 있으랴만 정치인을 욕하면서 자기 욕구불만을 털어내지도 않고, 마땅치 않아도 남 탓을 하지 않으며, 투덜거리지 않으니 그 인격적 면모가 나는 좋을 뿐이다. 내 옆지기는 확실히 지하도의 커피냄새를 닮았다. 어느 날 문득 진하게 향내를 풍기다 사라져도 이따금 맡을 때가 있으니 나는 좋다.
  바람이 분다. 살아야겠다. 점점 시인이 되어가는 남자 사람과 함께.

괜찮아요, 잊으세요

　우리는 종종 '괜찮아요 잊으세요'라는 관용구를 쓸 나이가 되었다. 이해도가 높아지고 관용이 커진 선택이다. 성숙미라고나 할까.
　지난해에 책을 만들면서 대형 실수를 한 노 선배문인이 너무나 미안한 나머지 실수를 발러 놓기는 했지만 침묵으로 마무리 하였다. 무슨 일을 그렇게 마무리할까 내심 답답했는데 해가 바뀌었다. 이미 시간은 다리 밑으로 흘러나가고 나는 새해를 맞으면서 1월에 대한 몇 개의 시를 읽으며 답을 찾았다.
　'그렇지. 이미 흘러간 물이지. 무엇이든 흠은 하얀 눈으로 덮어 버리고 그 위에 새 역사를 쓰자고 그랬지. 얼마나 미안했겠어. 속을 열어 보일 수도 없고….'
　대체로 실수한 사람은 말이 없다. 그러나 사실은 그냥 넘어가주지 않는다. 어느 사이에 들통이 나고 만다. 다른 일이 터지면서 확인하는 경우가 생긴다.

오늘은 지나간 것은 지나간 대로 덮고 괜찮다고 미안해하지 말라고 말이라도 하고 식사라도 대접하려고 약속 날을 잡아 가는 길이다. 혹시나 하여서 전철에서 전화를 걸었다.

'이를 어쩌나. 약속을 이중으로 하고 잊은 채 지방에 가 있다. 또 실수다.'

짠해서 문자를 넣었다.

"괜찮아요. 운동한 셈치고 돌아갑니다. 편하게 행사 마치고 돌아오세요."

우리네의 미래를 보는 것 같으니 기가 막힐 노릇이다. 그래도 다시 한 번 문자를 넣는다.

"괜찮아요. 잊으세요."

삶의 근육 만들기

 길을 걷다가 잠이 든 아이를 안고 가는 남자에게 시선이 가 닿는다. 두 돌이나 지났을까. 두툼하게 입은 옷 때문에도 더 부담스러워 보인다. 아니나 다를까. 아이 아빠가 아이를 엄마에게 넘겨준다. 아이를 안은 모습이 힘은 들어 보이는데 놀랍게도 엄마가 안으니 아이가 편해 보인다. 팔로 안은 게 아니라 어깨에 들쳐 멘 것 같기도 하지만 잠이 들어 축 늘어진 아이는 어쩔 수가 없다. 그런 아이 엄마도 얼마 가지 못해 주저앉고 만다. 내 아이 키울 때가 생각났다.
 우량아로 자란 아들을 나는 저들처럼 안아보지 못했다. 우주복을 입혀 안고 다녀보지도 못했다. 아이가 걸을 때까지 업지도 못했다. 첫 아이를 키우는 동안 등이 벌어질 듯 아파서 병원에 갔는데 몸에는 아무 이상이 없다면서 아이를 데리고 와보라고 했다. 의사는 아이를 보더니 다른 사람에게 일주일만 맡겨보고 다시 오라고 하였다. 의사가 시키는 대로 해보니 몸이 원상회복되었다. 그날 처방은 절대 아이를 업지 말라고 했다.

그래도 때로는 업어야 하기에 허리에 무리가 덜 가도록 아이의 무게를 분산시키는 방법을 터득하였다. 아이를 괴나리봇짐처럼 허리께에 가로지기로 눕혀 양팔로 꿰차고 걸었다. 아이는 모든 사물을 90도 정도 비틀어 보았을 것이다. 이미 40년 전부터 나의 허리는 그렇게 부실했다. 젊은 날 하이힐을 오래 신은 후유증은 곳곳에서 불거져 나왔다.

몇 해 전 겨울에 혼쭐이 났다. 처음에는 무릎이 아프더니 저린 증세가 종아리를 타고 발가락까지 내려가 찌릿찌릿하였다. 자연스럽게 정상적인 자세로 걷기가 어려워져서 절뚝거리며 걸었다. 정형외과에서는 무릎에 주사를 놓고 약을 처방해주었지만 발가락의 통증은 사라지지 않았다. 나는 허리를 촬영해보자고 청했고 협착증세로 통증이 유발되는 것을 발견하였다. 병원에서는 툭하면 수술을 하자고 잡도리를 하는 바람에 나는 그 병원을 끊었다. 그리고 다른 병원에서 일주일에 두 번 물리치료를 받고 다양한 건강정보를 수합하여 나를 만들어 갔다.

이때 태극권을 만나 나는 1년 반 동안 하루도 쉬지 않고 수련을 하였다. 협착된 자리의 뼈와 뼈 사이를 운동으로 늘리고 근육을 강화하여 협착된 자리가 내려앉지 않도록 돕는 운동이다. 하루 종일 같은 동작만 하고 살지 못하므로 근육을 하루 벌어 하루 살고 다시 다지기를 반복하는 가운데 내 몸 다루기에 익숙해졌다. 방문에 철봉을 달아놓고 수시로 매달린다. 까치발을 하고 섰다가 뒤꿈치를 힘주어 내리면 허리가 쭉 늘어난다. 놀랍게도 반복하다가보니 키도 커졌다. 자라면서 '꼬마'라는 호칭을 달고 살았는데 요즈음에는 '저기, 키 큰 어르신 뒤로 가세요'라는 말도 듣는다.

여름에는 혈액순환이 잘 되어 살기가 좋으니 더워도 절기를 즐긴다. 겨울에는 허리병이 도지지 못하도록 여름처럼 조건을 맞추어 준다. 부분 찜질을 열심히 해주었더니 병원에 가는 일은 벌어지지 않았다. 허리를 펴고 뒤꿈치부터 내리 누르면서 걷는다. 그런 자세로 걸으려면 평지가 좋아서 겨울에는 지하도를 걷는다. 무엇이든 타인이 권해주는 내용의 이치를 터득하고 일리가 있다고 믿어지면 나는 즉각 실천에 옮기는 편이다. 무조건 병원만 믿으려고 하면 낭패를 본다. 섭생과 운동으로 고치는 데는 노력과 시간이 필요하고 약은 증세를 완화시키는데 필요하나 협착증세에 근본적인 치료라고는 보기가 어렵다.

인간관계에서도 협착증은 일어난다. 시발점에서 아픈 것이 아니라 엉뚱한 곳에서 아프고 찌릿거리는 증세가 나타난다. 부모의 사이에 연골이 닳아져 신경을 건드리면 그 영향은 자식에서 나타난다. 자식의 문제는 부모로부터 유발된다. 그 원인을 부모가 찾고도 고치려 들지 않으면서 자식 때문에 아프다는 말만 반복하는 사람들이 있다. 아파지기 전에 예방하면서 살면 좋겠으나, 인간사가 마음먹은 대로 풀리지 않으면서 문제를 안고 성장할 수도 있다. 문제는, 알고도 고치려 들지 않는데 있다. 몸 치료나 마음치료나 생활치료에 단방 약은 드물다. 먹은 나이만큼 고치기도 어려운 법이다.

좋게 살 수 있는 방식대로 꾸준히 반복 수련하고 수시로 따뜻하게 조건을 만들어주면서 망가진 자리를 보완하여 살아가면 망가진 자리도 아프지 않고 길러진 근육의 힘으로 건강하게 살아갈 수 있다.

문제가 되는 협착 관계는 일단 가까이 붙어서 신경을 건드리지 못하게 벌려 놓아야 하는 게 철칙이다. 그런 다음에는 그 간격이 유지되게 근육이 만들어지도록 같은 동작을 반복하는 것이다. 무거운 인생의 짐을 다시 들면 여지없이 다시 통증이 느껴질 것이므로 지혜를 동원하여야 한다. 첫 번째 실천으로 나는 가까운 쇼핑센터에 갈 때 여행가 듯 핸드캐리어 가방을 끌고 간다. 드는 것보다는 끄는 게 무리가 오지 않으니 여행하듯 산다. 종종 어디 가냐고 묻는 사람을 만난다.

핏줄과 인연줄

　세상의 여인 한 사람은 여러 권의 베스트셀러를 역사 안에 담고 나이가 든다. 참고 참다가 한 살이가 끝나갈 무렵이면 정서의 바닥을 마주하게 된다. 미처 버리지 못한 돌덩이만한 걱정거리며 알 수 없는 불안의 쓰레기가 굴러다니면 그 아픔을 말이나 글, 표정으로 드러내고 만다. 그러니까 갑년을 맞으려면 한 바탕 정서를 대청소를 하고 새로운 출발선에 서는 셈이다.

　'공주엄마'는 40세 아버지를 하늘로 보내고부터 고난이 시작되었다. 어머니와 맏딸이 얼마나 수고가 많았는지를 그 시절을 거친 사람은 공감한다. 그녀는 교대를 졸업하고 21살에 교사가 되었다. 그녀의 봉급은 몽땅 어머니의 주머니로 들어가 이리저리 흩어졌을 것이 불 보듯 보인다. 13만원 월급 중에서 3만원만 남겼으니 그녀의 일상이 풍요롭기는 틀렸고 허기졌을 것이다. 아버지 부재로 이성의 사랑을 남보다 더 절박하게 기다렸을 것이다.

그녀에게 사랑하는 사람이 생겼다. 24세에 결혼을 하기로 결정한 것은 아마도 도피성향에 짙었을 것이다. 그녀는 결혼 자금으로 조금씩 모아두었던 돈도 어머니에게 다 부어주고 아무 것도 없이 사람 하나면 족할 것 같았으나 문제는 그렇게 쉽게 풀리지 않는 법이다. 그녀의 어머니는 울고불고 난리가 나고 그녀의 신접살림살이는 모두 신랑이 차려 빈 몸으로 시집을 갔다.

하지만 시집을 가서도 남편의 눈치를 살피며 동생들 학비 조달하기에 급급했고 동생들이 결혼할 때마다 자금 조달자가 되었으니 결혼은 안식처가 되지 못했다.

한없이 퍼주고 베풀기만 해야 하는 맏이 자리가 너무나 싫어서 막내부터 낳을 수 없느냐고 푸념도 했다. 40년 가까이 친정식구들에게 퍼주고 그녀는 동생들에게 지갑을 닫아봤다. 잘한 일 중의 잘한 일이다. 성서에, 해도 해도 끝이 없을 때는 전대의 끈을 묶어버리라는 말이 있다.

주지 않는 사람에게 전화는 오지 않았다. 그녀는 수고롭게 도와주던 누나가 아니라 평생 돈 줄로 이용되었던 거였다. 퇴직금 타서 사준 친정엄마네 농장도 남동생 셋이 다 나눠 가지고 90줄에 들어선 어머니에게 드는 경비를 누나에게만 의존하고 산다. 그녀는 전생에 핏줄 덕이 없는 걸로 알고 동기간의 우애고 뭐고 포기했다는 거다.

하지만 그런 환경에서 수고롭게 산 사람에게는 남의 덕이 크다. 자세가 이뻐서 어디서라도 존중받는다. 교직에 있을 때도 좋은 학부모님들을 만나 김치 한번 담가 먹어본 적 없을 정도로 챙겨주었고 각종 혜택을 풍부하게 받으며 살았다고 한다. 동화를 쓰면서 교직에서의 일상을 승화시켰고 교사 중에서도 특화된 사람이라서 존중받았다.

그러다가 사고로 오른쪽 청력을 잃은 후 더 많은 사람들이 나서서 그녀를 고치겠다고 했지만, 결국은 한쪽 귀가 바보가 돼버렸다. 이렇게 되고나서 앞으로 못들을 걸 대비해서 수화를 배웠더니 농아장애인들을 위한 직업교육과 인생강좌도 수화로 곧잘 하고 있다.

수화, 손소리, 손으로 말하는 거니까 처지가 같아진 농아장애인은 열심히 챙겨주어서 동생들과 비교되어 눈시울이 뜨거워지고 격한 감동으로 이어지기도 한다. 손이 사랑스러운 그녀는 화장품학 기술을 공부하여 수제 화장품을 만들어 이용자들에게 호응도가 높다. 무엇이든 초보자는 수익보다 제품 개발에 집중하느라고 좋은 재료를 쓰기 마련이라 알 만한 사람들이 단골이 되어준다. 그러자니 완전 남의 덕으로 세상을 산다고 요즈음 고마움에 젖어 산다.

"핏줄 덕은 낳아준 엄마품이 전부예요."

남편도 남이고 남이 봐도 이상할 정도로 잘해주는 시댁식구도 남인데 공주님 대하듯 해주니 친정형제들과 소원한 게 더 외롭다. 나보다 10년은 젊은데 나의 역사와 다르다면 아버지가 오래 계셨다는 것과 그녀처럼 도망가듯 결혼을 하지 않고 집안을 반듯하게 세우고 결혼을 하였다는 게 다르다. 나는 그녀에게 편지를 썼다.

공주엄마님
본디 맏딸은 살림밑천이라고 했지요? 그 말이 얼마나 서운한 말인가요. 그러나 하 세월 번뇌하다가 돌이켜 생각해보니 우리가 얻은 것도 있답니다. 제가 가르쳐드릴게요.
그대가 맏이로 태어나서 동생들과 어머니에게 그렇게 뒤를 대고 책임감 있게 살지 않았다면 지금의 화장품 사업을 하지 못했을 수도 있어요. 생활력의 결여로 말입니다. 부지런히 거둔 사람들은 능력이 자라더라고요. 가족을 거두어야 하기에 무엇이든 생산하는 능력이 따라 붙지요. 위기 대처력도 환경으로부터 길러졌을 것이고 누구보다 근면성실 했을 겁니다. 대다수의 여자들이 가정에서도 성차별을 받지만 그대는 직장에서도 양성평등의 세상을 살았지 않나요. 가정에서도 벌어주는 동안 결코 함부로는 하지 않았을 겁니다. 소위 인권을 보장받은 거지요. 어머니로부터 억압이나 피해는 전혀 없었을 것이고 오히려 어머니가 맏딸의 눈치를 보았을 겁니다. 이러한 말을 주기까지 나도 무수히 묵상하고 기도하면서 수면 위로 올라왔지요. 오히려 주도권을 쥐고 살아서 남성성도 수치가 올라왔을 겁니다.
엄마와 동생들은 약자로 연대를 할 수 있지만 맏딸은 외롭지요. 실컷 돈을 벌어다주고도 소외를 당하지요. 수혜자들이

공을 갚을 때는 약자였던 엄마에게 갚거든요. 어머니 또한 입지를 전복하고 어머니 자리를 잡고 싶어 하지요. 그러하니 맏이는 살림 밑천뿐이지요.

결혼하여 내가 사는 게 더디 성장하면 보호받던 사람들은 절대 그대를 돌보지 않지요. 역할이 달라지는 것은 어려운 일이니까요. 자랄 때 을이었잖아요. 사는 서열이 달라지면 은근히 즐기기도 하지요. 인간의 속성상 그래요. 우리의 속내도 자세히 들여다보면 그런 심리가 모두에게 있거든요.

그래서 부모는 보호하고 사랑 나눠 주고 자녀들은 수평관계를 원만히 하고 친교 정도를 높여야 두고두고 동기간의 관계가 좋게 되지요.

그대는 일찍부터 관리자요 생산자였으니 주는 사람이 어떨 때 서운한지를 잘 알기에 받는 사람의 심리를 터득하고 거울삼아 살았을 거예요. 핏줄이 아닌 사람들에게서는 자연스럽게 인사치레도 잘하고 서운하게도 만들지 않으며 사랑했을 것이 보입니다. 겸손하고 낮추인 자세로 처신하여 사랑받을 수 있게 성숙했을 겁니다. 돈으로 헤아릴 수 없는 능력이 자란 거지요.

형제자매들에게 서운하다는 생각을 버리고 잠시 소원하게 지내보세요. 그들에게도 성찰할 기회를 주어야 하거든요. 확실하게 경제적으로 여유를 만들어서 그때 드러내세요. 그대는 충분히 그럴 수 있을 겁니다.

맏이는 작은 재능도 키워서 펼치는 능력이 자라게 되는가 하면 도움을 받고 자란 간둥이들은 더 큰 재능이 있어도 개발을 하지 않고 그대로 사장시키는 수가 많아요. 그대의 독립적

기능이 자란 것도 책임지고 거느린 덕일 겁니다.

 그대는 모성강화로 오히려 동생들에게서 받는 길도 터주지 않았을 수도 있어요. 게다가 결혼을 해버려서 엄마도 박탈감이 컸을 수도 있어요. 줄 때만 존재감을 얻는 경우이거든요.

 나이가 들고 보면 어리광도 부리고 싶고 어머니가 자신의 보호자가 되어주어 보기를 소망하게도 되어지지요. 관계는 길들이기라서 잘라내야 할 기대감이지요. 서운함이 사라지도록 포기해야 해요.

 새로 다가오는 인생 새 주기에는 지난 주기를 이해하고 아무 기억도 없이 백지에 새 그림을 그리는 겁니다. 훨씬 마음고생이 덜 해요. 나는 그렇게 10년을 살고 돌아보니 62세에서 72세까지 10년 동안 행복했습니다. 그대에게도 그런 날이 오기를 기대해봅니다. 핏줄과 인연 줄을 구분할 필요도 없습니다. 그날 만난 사람이 사랑할 사람입니다.

정월 초하루

　새해라는 단어에는 새로운 기대와 설렘이 담겨있다. 그러나 수시로 일어나는 변화 속에서 특별한 일이 벌어지지 않는 게 우리 개인적으로는 안도와 평안이 주어진다. 온갖 어려움 중에도 견디며 이겨내야 하는 성질의 것들을 두고 타인이나 사회에 책임을 전가하는 습성을 길러서는 안 될 일이다. 자연재해와 각종 사건사고 소식도 함께 사는 세상 사람들에게 어둠을 몰고 온다. 요즈음에는 공부를 마친 젊은이들이 절벽 앞에 선 듯 난감지사의 소식을 실어 나를 때는 개별적으로 해결할 수 없는 일들이기에 기도를 하는 정도로 밖에 개입할 수가 없다.
　돌이켜보면 어떻게 하여 얻은 오늘인데 이렇게 밖에 살 수 없는가. 이날이 오기까지 속박의 시절도 지나왔고 자유롭게 태극기를 흔들기도 했다. 6·25의 참혹한 강도 건넜고 혁명의 다리도 통과했다. 우리는 가난에 대해 빛나는 졸업장을 탄 민족이 되어 세계에 태극기가 올라가는 일이 숱하게 지나갔다. 스포츠 영웅, 가난을 뚫고 피어나는 예능의 꽃들이 세계에 대한민국을 알리며 외화벌이를 해왔다.

그러나 올해 벽두부터 고향에 가지 못하는 젊은이들, 연애는 하고 있으나 결혼을 하지 못하는 젊은이들 때문에 마음 놓고 말을 하기가 불편하다. 아무도 투정하지 않는 사회는 있을 수 없더라도 수고하고 노력하는 사람에게 살아갈 자리는 있어야 한다는 게 나의 견해다. 젊은이들이 이상을 낮추고 싶어도 낮출 것조차 없다는 사실이 비극이긴 하다.

각자 자기 자리에서 살아남아야 하는 현실인데, 우리에게 가장 공평한 것은 태양이다. 모두에게 고루 비치는 그 빛으로 우리의 정신이 다시 깨어나고 일상이 싱싱해졌으면 좋겠다는 소망을 가지고 새해를 맞는다.

종교인인 우리 부부는 미사로 신년맞이를 하는데 먼저 일어나는 대로 기도를 한다. 초에 불을 붙이고 이 지상의 가장 큰 단위부터 축복을 빈다. 이는 정화된 기운으로 영적 산소공급을 한다고 생각하며 진심을 담는다. 세계 평화를 기원하고 우리나라, 우리 동네, 우리 집으로 좁혀가며 줄줄이 축복기도를 하고나니 시간이 제법 흘렀다. 그렇다고 우리 형제자매와 가족을 빼놓을 수는 없는 일이기에 기도 시간이 길어졌다. 내가 세상을 바꿀 수 없기에 정화한 기운을 무통장 입금하듯 대상에게 불어놓는 행위이다.

지난해에 인문학 강좌에서 들은 내용을 참고하여 지나치게 나의 견해를 앞세우거나 강조하지 않으려고 한다. 우리는 이미 시대의 중심에 선 사람들이 아니라서 세대 간의 불편 요소가 다르다. 그래서 다수의 견해를 따르고 수용하는 자세로 살려고 한다. 기도를 마치고 체조를 하고나자 남편이 일어난다.

"여보, 우리 맞절을 하고 한 해를 시작합시다."

이리하여 둘이 정중하게 큰 절을 하고 조금 더 다가가 손을 맞잡고 기도를 함께 한 다음 따뜻하게 포옹을 하였다. 우리에게 남은 온기를 합하여 한 해를 잘 살아보자는 의식이다. 이후 간결하되 고르게 아침 식탁을 차려 새해 첫 식사를 마치고 새해 첫 미사에 갔다. 나는 한복을 차려입고 남편은 양복에 넥타이를 맨 차림새다. 의관을 갖추는 것은 정신을 정갈하게 갖추기 위한 예의이다. 가는 길에 둘이서 감사 시리즈를 늘어놓는다. 하마터면 **뻔 했는데 그렇게 되지 않은 현실에 대한 무한감사다. 성당에 도착했을 때에는 얼굴이 환해져서 만복을 다 받은 사람처럼 되었다.

성당에는 아침 미사를 마친 사람들의 세배가 끝나간다. 나도 그 대열에 끼어 세배를 하고 텀블러 한 개와 천원을 복돈으로 받았다. 이 또한 종이컵 퇴치를 위한 성당 차원의 배려이다. 주기도 하고 받기도 하니 참 좋다.

돌아오는 길에 날아가는 참새에게, 울타리에 웅크리고 있는 들고양이에게, 잎을 다 떨구고 앙상하게 서 있는 나무에게, 운전기사들에게, 아니 우주만물에게 새해에는 복을 많이 받고 재앙 같은 것은 모른다고 그러라고 우스개 기도도 했다. 골목길에서는 가정마다 웃음꽃이 벚꽃처럼 피게 하여 웃음소리가 창을 넘어오게 해달라고 빌었다.

내 남편 '의지맨'은 하루도 거르지 않고 걷는 '걷기맨'이라 첫날 나와 함께 걷기를 바란다. 꽁꽁 싸매고 나가 걷고 돌아오니 이 또한 천국이다. 깔끔하게 스타트를 하였으니 작심삼일이 아니기를 바라는 마음만 간절하다.

(2019. 한국아파트신문)

꿈틀거리는 달

 1월은 견디는 달, 2월은 기다리는 달, 3월은 꿈틀거리는 달이다. 대지는 새순을 올리느라고 꿈틀거리고, 학동기의 학생들은 새 학기가 시작되면서 호기심이 꿈틀거린다. 담임선생님은 누구일까, 어떤 분일까, 짝은 누가 될까. 새로운 만남에 대한 기대감이나 두려움이 동시 다발적으로 일어나서 긴장도를 높이기도 하고 설렘이 일기도 한다. 가정에서는 묵은 학년 것들을 치우느라고 쓰레기통이 가득 찬다. 묵은 학습지가 뭉텅이로 버려지고 쓰던 노트도 묶음으로 나온다. 유치원에서 학교로 가는 아이들의 집에서는 장난감이 자루로 쏟아지고 헌 옷 버리는 곳에는 낡은 이부자리까지 한 몫 거든다. 하나의 변화가 다양한 변화를 부른다. 학부모의 자세 또한 새로운 출발선에 선다.

교회에서는 사순시기에 걸쳐 있어서 영적으로 새롭게 태어나기 위한 작업이 진행 중이다. 생각하고, 성찰하고, 버리고, 치우고, 벗겨내는 작업을 하느라고 성서를 읽고, 쓰고, 묵상한 다음 영혼의 울림을 기록하는 중이다.

이 모든 것들이 내 삶의 테두리 안에 있다. 4대를 관찰하고 변화에 적응하며 스스로 감내해야 하는 일을 가려내야 한다. 차근차근 마음을 정하고 실천하지 않으면 건성으로 살게 될 것 같아 어딘가에 오래도록 감추어진 것들을 치우느라고 들쑤신다. 조용한 듯 바쁜 일상이 익숙해서 어려움을 덜 느끼지만 다양한 일들을 무리없이 처리하고 살려면 늘 깨어있지 않고는 어렵다.

추위가 물러가자 드디어 내게도 꿈틀거림이 찾아왔다. 모든 정리는 가장 가까운 자리부터 출발하자는 나의 신조대로 내 책상 서랍을 깊게 열어보았다. 아뿔싸, 거기에는 30년 남짓 그 자리를 버틴 필기구가 새 것 그대로 자리를 지키고 있다. 미국의 친구가 내 집을 방문하면서 작가라고 필기구를 한 박스 사다 준 것이다. 마침 그 당시에 손 글씨에서 워드로 작업이 이동하던 시기라 나는 컴퓨터 자판 익히기에 전념하느라고 그 필기구를 잊고 지냈다. 필기구뿐 아니라 원고지나 CD가 뭉치로 나온다. 뚜껑을 열어 써보니 이미 말라서 사용불가한 상태다. 버린 필기구가 쓰레기통으로 한 가득이다. 지각해가며 변화의 꽁무니를 따라 가느라고 혼쭐이 나서 미처 챙기지 못한 탓이다. 나는 이렇게 선물로 받은 내적 자산을 사용하지 않고 보유만 하다가 나이가 들어서 버리게 되는 일로 보여서 섬찟했다. 이렇게 꿈틀거릴 때는 주변 안팎으로 지각변동이 일어난다.

그래서 3월에는 자식을 키워낸 부모들이 모두가 추억 속으로 풍덩 들어가게 된다. 아리고 힘든 세월은 길고 기다림도 지루할 만큼 길었지만, 벅차고 황홀한 날은 잠시인 듯 변화의 연속이었다. 양파의 알뿌리가 크는 것도 한계가 있고 자손들을 키우는 데도 한계가 있어서 어느 시점에 이르면 자손들의 세계를 들여다보면서 추억을 곱씹어야 한다.

날씨가 풀리면 살아있는 모든 것들이 그렇게 꿈틀거린다. 긴장이 풀리면서 움직이고 싶고, 웃고 싶고, 변화를 누리고 싶어 한다. 아이들은 학교보다 놀이공원으로 달리고 싶어 하고 노령의 어른들은 보고 싶은 자식들 얼굴이 아른거린다. 낀 세대들은 위 아래로 사랑을 표현하느라고 갖은 노력을 다 쏟아 부어도 효과가 미진하다.

지난 일요일, 나의 3세대가 손자들의 호칭인 왕할머니를 뵈러 출동하였다. 사람이 그립기는 하지만 에너지가 부족한 노인은 어떻게 맞이할까 갈등이 생긴다. 게다가 늘 주어야 마음이 편한 노인은 효도 봉투를 드릴 텐데도 어린 손들에게 흡족하게 나누어 줄 것이 모자란다는 판단이 서는지 어려워한다.

나는 어느 정도 어머니의 심리적 정황을 이해한다. 그리고 말없이 진행한다. 내 아이들에게는 효도하라고 큰 봉투를 쥐어주고 어머니에게는 설날에 보지 못했으므로 세배하면 주라고 사람 수만큼 봉투를 지어주었다. 그리고 나는 식사하러 밖으로 따라 나설 것 같지 않아서 갖은 음식을 준비하여 싣고 갔다.

낀 세대가 물질적으로 정신적으로 신체적으로 건강하지 않으면 이러한 분위기는 창출하기가 어려워진다. 어른에 대한 연민의 정을 품고 예를 갖추고 산다는 것은 만사에 걱정이 적어야 가능하다. 소위 '내 코가 석 자'인 사람이 다른 사람의 심정을 이해하고 사랑을 품기란 소원한 일이다. 그저 간신히 생명을 유지하기에 급급한 일상이 되고 만다.

뭣이든 급하게 이루려고 서둘러 살다가 중도에 엎어지면 노년이 지옥이다. 느긋하게 모자란 듯 살면서 중요한 순서대로 에너지를 배분하면서 살아가는 지혜가 더 많이 꿈틀거렸으면 싶은 3월이다.

(2019. 한국아파트신문)

아직도 터질 속이 남았나요?

"아이고 속 터져 정말…."
성당의 성지순례단과 함께 일본 성지순례를 마치고 돌아오는 비행기 안에서 터진 탄식조의 말이다.
비행기가 인천공항에 내리자 S는 무엇이 급한지 얼른 일어서 머리 위의 짐칸을 연다. 우리 짐이 좌석보다 뒤쪽으로 가 있다. 이미 뒤에서부터 사람들이 일어서 줄줄이 움직이고 있으니 그냥 자리에 앉아서 기다렸다가 꺼내면 좋겠는데, 틈새를 비집고 짐을 꺼내러 간다. 나는 멀거니 쳐다보다가 나도 모르게 탄식을 하고 말았다.
그 말을 하고나자 내가 남편 속을 태운 것이 대번에 생각났다. 탑승 3분 전에 비행기를 탔으니 얼마나 기다리며 속이 탔을까. 별 생각을 다 했다고 한다. 정작 애를 태운 나는 금세 잊어버리고 상대방을 향해 속 터진다는 말을 하고 말았다. 이때 내 앞에 섰던 다른 남자가 말한다.
"아니 아직도 터질 속이 남았나요?"
그 집 남자 얼굴이 훤한 것으로 보아 여자는 속 터지겠다고 짐작했다. 웃는 상 앞에는 속 터지는 사람이 있게 마련이다. 그러고 보니 우리 부부는 서로 속 터지게 만드는 사람군인가 보다.
유머로 포장된 명언을 듣는 바람에 터졌던 내 입은 봉해지고 그 집 여자 입이 터졌다.

다섯 개의 구멍과 거꾸로 자라는 나무

　작가는 하늘에 뿌리를 두고 땅을 향해 거꾸로 자라는 나무의 이미지다. 땅에 드릴을 대어 지구의 반대편 하늘 언어가 들릴 때까지 파고들어가 단어를 찾아내는 사람이다. 하늘 언어를 듣지 않고 글을 짓는 작가는 구멍의 필요성을 느끼지 못한다. 나무가 잎을 내듯 작가는 적절한 단어를 내어 글 나무를 키우는 사람이다. 마음에 논리가 없듯이 내게 온 한 시집의 표지에도 논리가 보이지 않는다. 어느 단어는 뜯어내고, 어느 단어는 건져내고, 어느 단어는 기억 속에서 직조되어 새롭게 만늘어져서 시인마다 바라보는 세상이 다르다.
　『참새는 쨱도 못했다』는 시집의 표지는 하늘색 바탕에 갈색 겉지를 입혔다. 겉지 오른쪽에는 제목과 이름을 적고 왼쪽으로는 연필이 들락거릴 만한 크기의 구멍을 다섯 개나 냈으며 그 구멍을 통해 독자는 속지인 하늘색을 만나게 된다. 표지 상단에는 단풍 든 댕댕이덩굴 순이 몇 가닥 아래로 늘어져 하늘에 뿌리를 두고 거꾸로 자라고 있다. 그 줄기는 바람에 출렁거리며 땅으로 뻗기보다 하늘로 오르고 싶은 열망을 가진 듯 U자를 옆으로 벌여놓은 모양새를 하고 있다.

편치로 뚫은 구멍 네 개를 세로로 나열하였고 마지막 구멍의 오른쪽으로 하나를 더 배치하여 L자 형으로 나열하여 디자인을 했다. 디자이너는 알고 의도적으로 했을까 꿈보다 해몽인 것일까. 얼른 책을 열었다.

'분명 4부로 나누었을 거야. 그런데 하나의 꼭지는 무엇이지?'

그것이 궁금하여 뒷장으로 간다. 찾았다. 하나의 구멍은 해설 꼭지였다.

젊어서 북디자이너를 한 나는 표지가 책에 생명을 불어넣는 첫 번째 작업이라는 것을 안다. 이 책의 표지 디자인은 무엇인가 어설프긴 한데 표현하려는 의지를 가지고 디자인에 참고해야 할 요소들을 배열하면서 미적 감각을 살리지는 못했다. 마치 사람이 꿈의 요소를 분리하여 해석하듯 각 요소들이 분리되어 말을 걸면서 상상하고 놀기에 좋다.

표지는 책의 얼굴이라 첫 인상이 좋을수록 좋다. 관심이 촉발되는 첫걸음이다. 이미지로 내용을 대변하는 역할을 맡는데, 전체적인 분위기가 잘 어우러지게 구성이 되면 금상첨화다. 첫 인상이 힘이다.

  속지는 하늘색이고 겉지는 땅색이다. 시집은 현실을 뚫고 내면으로 파고 들어가 건진 단어들의 조합이라는 생각이 들었다. 시인이 뚫은 구멍과 평론가가 뚫은 구멍을 합해 구멍이 다섯 개다. 디자인을 통해 나는 이미 이 책의 성격을 감지하였다. '영성시를 썼겠구나.' 땅의 세계에서 하늘을 엿본 글을 만나고 싶어졌다.

    따뜻하고/ 부드럽고/ 촉촉하고/ 아련하고/ 몽롱하여/ 눈이 감기고/ 몸이 뜨고/ 집중하여/ 달콤하고/ 스미고/ 배어들어/ 가벼이 떠오르다/ 너울거리며 가라앉는다.

「키스」란 시의 전문이다.
  조금 의아해 하면서 책장을 넘기다가 성모발현지인 루르드에서 침수를 경험하고 쓴 시를 찾았다.

    …가난한 기도도 하늘 적시고, 땅에 마음대며 자비를 구하네 … 태초의 양수에 잠기네…
    서늘하고 따뜻하여 부드럽고 깊은 찰나의 씻김으로 정화의 절정에 드네.

나는 그곳에서 순례 일정을 마친 다음 날 아침, 세수를 하고 거울을 보다가 기겁을 했다. 내 눈에 다이아몬드를 갈아부어 놓은 듯 눈이 반짝였다. 나는 그만 소리를 지르며 같은 방 형님을 깨웠다. 내 눈 좀 보라고, 왜 그러냐고 묻는 순간 그 사실을 덮기로 했다. 조용히 이불 속으로 들어가 기도를 시작했다. ㅈ시인의 키스 같은 느낌이 온몸을 감쌌다. 육감적인 언어를 빌려 영적 키스를 적은 게 아닐까 싶다. 나도 그날 구멍을 통해 하늘을 보았다. 드디어 시인이 유인하는대로 구멍 속에 들어갔다 나왔다. 공감하면서 상상 속에서 표지의 구멍수가 늘어나다가 보면 표지가 나달거리며 벗겨지는 날이 올 것이다. 하늘과 마주 하는 날이겠거니 생각하니 숙연해진다.

공감
― 시집 『참새는 짹도 못했다』에 부쳐

정연순

"참새는 짹도 못했다"는 표제로 두 번째 시집을 출간하였다. 많은 분들이 손편지와 전화, 메일과 문자로 축하와 덕담을 주셨다. 감사하고 감동하였다. 날마다 우편함을 살피고 메일을 열고 자주 전화기를 켰다. 원로시인께서 주신 손편지는 어른이 그냥 되는 것이 아님을 깨닫게 하였다. 존경심이 더 깊어졌고 더욱 정진하리라 결심하였다. 일일이 답신을 드리면서 많이 즐거웠다. 내가 반짝거리는 것 같았다.

그즈음 O선생님에게서 문자가 왔다. 시집의 감상을 "다섯 개의 구멍"이라는 제목의 수필을 발표 했다며 그 원고를 나에게 메일로 보냈다고 한다. 매우 드문 일 아닌가. 퍽 궁금하였다.

작가는 하늘에 뿌리를 두고 땅을 향해 거꾸로 자라는 나무의 이미지다. 땅에 드릴을 대어 지구의 반대편 하늘 언어가 들릴 때까지 파고 들어가 단어를 찾아내는 사람이다. 하늘 언어를 듣지 않고 글을 짓는 작가는 구멍의 필요성을 느끼지 못한다. 나무가 잎을 내듯 작가는 적절한 단어를 내어 글 나무를 키우는 사람이다. (중략) 어느 단어는 뜯어내고, 어느 단어는 건져내고, 어느 단어는 기억 속에서 직조되어 새롭게 만들어져서 시인마다 바라보는 세상이 다르다.

땅에 발을 디디고 사는 사람은 작가든 아니든 누구나 마땅히 하늘의 뜻을 헤아려야 한다는 내 생각과 바로 통하고 있었다. 정신이 번쩍 들고 긴장되었다.

'참새는 짹도 못했다'는 시집의 표지는 하늘색 바탕에 갈색 겉지를 입혔다. 겉지 오른쪽에는 제목과 이름을 적고 왼쪽으로는 연필이 들락거릴 만한 크기의 구멍을 다섯 개 냈으며 그 구멍을 통해 독자는 속지인 하늘색을 만나게 된다. 표지 상단에는 단풍 든 댕댕이덩굴 순이 몇 가닥 아래로 늘어져 하늘에 뿌리를 두고 거꾸로 자라고 있다. 그 줄기는 바람에 출렁거리며 땅으로 뻗기보나 하늘로 오르고 싶은 열망을 가진 듯 U자를 옆으로 벌여놓은 모양새를 하고 있다. 펀치로 뚫은 구멍 네 개를 세로로 나열하였고 마지막 구멍을 오른쪽으로 하나를 더 배치하여 L자 형으로 디자인을 했다.

나도 책을 받으면 표제와 표지 디자인부터 감상한다. 느낌을 인식하고서야 표지를 넘겨 작가의 모습을 눈에 담는다. 책을 대하는 태도가 나와 다르지 않음을 알 수 있었다. 점점 그의 글에 빠져들었다.

'분명 4부로 나누었을 거야. 그런데 하나의 꼭지는 뭐지?' 찾았다. 하나의 구멍은 해설 꼭지였다.(중략) 이 책의 표지는 사람이 꿈의 요소를 분리하여 해석하듯 각 요소들이 분리되어 말을 걸면서 상상하고 놀기에 좋다.

구멍 다섯 개로 오감을 상징한 내 의도와는 다른 해석이었다. 땅에서 하늘을 헤아리는 방법은 오감을 기초로 하여 생각과 영혼으로 깊이 교감하는 것이라고, 그것이 삶이라고 나는 생각하고 있기 때문이다. 그의 해석을 읽으니 그럴 수도 있겠다 싶었다. 이런 독자도 있구나! 고마웠다.

속지는 하늘색이고 겉지는 땅색이다. 시집은 현실을 뚫고 내면으로 파고 들어가 건진 단어들의 조합이라는 생각이 들었다. 시인이 뚫은 구멍과 평론가가 뚫은 구멍을 합해 구멍이 다섯 개다. 디자인을 통해 '영성시를 썼겠구나' 짐작할 수 있었다. 땅의 세계에서 하늘을 엿본 글을 만나고 싶어졌다.

그와 나의 생각이 거의 일치를 이루고 있지 않은가. 드디어 그가 내 시 속으로 들어가려는 순간이었다. 가슴이 두근거렸다.

따뜻하고/부드럽고/촉촉하고/아련하고/몽롱하여/눈이 감기고/몸이 뜨고

/집중하여/달콤하고/스미고/배어들어/가벼이 떠오르다/너울거리며 가라앉는다.

'키스' 전문

영성시를 기대한 그에게는 엉뚱하고 파격적이었을 것 같았다. 짓궂은 장난을 친 것 같아 옹골지게 재미가 났다. 내 얼굴에 미소가 피어나는 것이 느껴졌다. 퀴즈의 답에 근접해가는 짜릿함이라고나 할까.

성모발현지 루르드에서 침수를 경험하고 쓴 '침수'를 만났다.

//가난한 기도도 하늘 적시고/땅에 마음 대며 자비를 구하네/(중략)다 벗은 몸에 도는 핏빛의 뉘우침을/ 희디흰 아마포로 감싸고/태초의 양수에 잠기네//서늘하고 또 따뜻하여/ 부드럽고 깊은 찰나의 씻김으로/ 정화의 절정에 드네.

얼마 후, 나는 그 곳에서 순례 일정을 마친 다음 날 아침, 세수를 하고 거울을 보다가 기겁을 했다. 내 눈이 다이아몬드를 갈아서 부어 놓은 듯 반짝였다. 나는 그만 소리를 지르며 룸메이트를 깨웠다. 내 눈 좀 보라고, 왜 그러냐고 묻는 순간 그 사실을 덮기로 했다. 조용히 이불 속으로 들어가 기도를 시작했다. 정연순 시인의 '키스'같은 느낌이 온몸을 감쌌다. 육감적인 언어를 빌려 영적 키스를 적은 게 아닐까 싶었다. 나도 그 날 구멍을 통해 하늘을 보았다. 드디어 시인이 유인하는 대로 구멍 속에 들어갔다 나왔다. 공감하면서 상상 속에서 표지의 구멍수가 늘어나다가 보면 표지가 나달거리며 벗겨지는 날이 올 것이다. 하늘과 마주 하는 날이겠거니 생각하니 숙연해졌다.

소름이 좍 끼쳤다. 전율이 스치고 숨이 깊어지면서 고요에 들었다. 공감이란 얼마나 직감적인 것인가. 직감은 또 얼마나 순수한 것인가. 다른 사람의 감정에 상상력을 더하여 그것을 헤아려 아는 능력, 공감이란 자아의 한계를 넘어선다는 의미이기도 한 것이다. 마음이 마음을 건드려 일치를 이루는 기쁨은 극적이고도 감동적이었다. O선생님과 성큼 가까워진 것 같았다. 옆에 있었으면 끌어안고 한참 서로의 숨소리를 들었을 것이다. 말이 무슨 소용이랴.

4.
다운로드

부부 나들이 풍경

내 어머니는 자신을 즐겁게 하는데 익숙하지 않다. 오직 자식이 인생의 전부인 듯 집중하였고, 그중에서도 아들 바라기는 해바라기가 무색할 정도였다. 경제적으로 여유가 없어서이기도 했지만 아버지와 정서적으로 결이 맞지 않아서 부부가 감정 소통을 원만하게 하지 못하고 일생 동안 서로 엉뚱한 곳 긁어주며 살았다.

그래서 나는 미래의 남편이 어떤 취미를 가져도 같이 공감하며 살 수 있도록 결혼 전에 스포츠, 등산, 바둑, 박물관 다니기, 심지어 여행, 수석, 분재 등등의 남자들이 선호하는 분야에 조금씩 익혀두었다. 그러는 사이 나는 올드미스가 되었고 같이 다닐 친구들이 거의 결혼을 하여 자연스럽게 혼밥 혼영 혼쇼핑을 하였다. 삶은 길들이기 마련, 혼자 하기를 길들으면 오히려 편한 부분도 있다.

지금은 부부가 도시의 자연인으로 사는 세월을 맞았다. 최근 들어 남편의 투정이 들린다. 그러고 보니 혼밥, 혼운 하는 날이 부쩍 늘긴 했다. 퇴직하고 나면 아내와 알콩달콩 도란도란 이야기하며 같이 밥을 먹고, 같이 산책을 하고, 같이 나들이를 다닐 줄 알았다는 이야기다.

나는 배려 차 주기적으로 같이 운동하고, 외식하고, 여행하는 정도는 지키는데 원하는 만큼 항상 붙어있을 수는 없기에 스쳐듣고 말았다. 놀랍게도 아이들이 출가를 하고나자 나의 일이 늘고 써야 할 원고량도 많아지고 나를 찾는 곳도 많아졌다. 심심치 않다. 그러다보니 틈이 나면 어색하지 않게 나는 혼자 영화도 잘 본다.

그러나 사람의 일이란 모를 일이 많아서 스치고 지나가는 말을 놓치면 후회가 따르는 법, 나는 시간을 내어 올림픽공원을 같이 걷기로 했다. 가기만 하면 좋은 곳, 툭 트인 공간에서 팔천보를 걷고 식사를 하러 간다. 나는 번번이 달리 먹고 싶고 남편은 그 장소 그 음식이 정해져 있다. 한식집으로 발길을 돌린다. 거부하다가 순간 마음을 바꾸어 남편의 청을 들어주기로 했다. 커피는 다른데서 마시자고 앞서 말해 두었다.

"여보 스타벅스, 잊지 말아요. 선물 받은 티켓 있어요."
"당신은 음식 맛보다 낭만 찾는 게 중요해?"
"그럼요, 소중한 내 짝꿍인데… 마음 담긴 곳에서 차를 마셔야지요."
이리하여 머신에서 종이컵에 받아먹는 커피를 피하고 스타벅스를 찾아 길로 나섰다. 걸어도 걸어도 스타벅스는 나오지 않고 우리는 잠실역까지 왔다. 마스크를 쓰고 '미세먼지 나쁨' 속을 걷다가 보니 허리가 아프다. 어디라도 앉고 싶다. 이제는 낭만이고 뭐고 보이지 않는다. 가장 하고 싶은 일은 따끈한 이불 속으로 들어가 허리를 펴주는 일이다. 커피를 포기하고 집으로 가는 전철을 탔다. 전철 안 의자가 그렇게 고마운 날은 없었다.

어느새 청담역에 도착하여 길로 나오니 건너편으로 스타벅스가 보인다. 남편이 내 손을 끈다. 커피와 달달한 케이크 한 조각 먹으면 낭만이 살아날 거라고 하지만, 나는 프랑스 여행 중 파리 거리가 생각났다. 아이들이 이 다음에 엄마 아빠 안 데리고 간다고 할까봐 다리를 절름거리며 가장 뒤에서 걸었다. 생각해보니 꼬마 아이들이 힘들어서 엄마에게 징징거리면 이 다음에 안 데리고 다닌다는 말 나올까봐 말도 못하고 고생했겠다.

"여보. 세상 모든 약자는 힘들어. 나도 지금 힘들어. 낭만이고 뭐고 눕고만 싶어."

이리하여 변덕을 부리면서 낭만을 찾은 것도 나고 낭만을 버린 것도 나다.

결국 집으로 들어서자마자 소파에 널브러져 두어 시간 동안 꿀잠을 자고나서 또 밤에도 잘 잤다. 건강해야 낭만이 보장된다는 것만 결론으로 남았다.

나는 부부가 함께할 때는 뭐든 좋게 하고 싶다. 함께 머문 자리는 추억의 자리가 되므로 마구잡이로 살지 않아야 한다는 게 내 생각이다. 하나씩 하나씩 서운함을 해결하고, 미련은 털어내고, 해줄 것은 해주면서 나를 표현하고 있다. 이러한 느낌도 남편과 대화를 해보았다.

"여보 미안해. 변덕의 주인공이 건강이었어. 미세먼지도 거들었을 거야. 다시 옵시다."

늦더라도 이해되면 서운하지 않다. 그러나 이해하고 이해받으려면 왜 그랬는지를 알아차리고 표현해야만 가능하다. 남편은 낭만을 앞세워 커피 한 잔을 마시려다가 때를 놓치고 집에 와서 마셨다. 그래도 구시렁거리지 않고 내가 잠을 설치지 않고 잔 것에 대해 다행이라고 말해 주었다. 노부부의 요 밑으로 고마움이 깔린다.

(2019.한국 아파트 신문)

봄의 한가운데서

 봄비가 내린다. 꽃비가 내린다. 엊그제는 매화꽃잎 진 자리가 별꽃처럼 아름답다고 해질녘에 찬사를 하며 길을 걷다가 우면동에서 양재역까지 걸었다. 발바닥이 얼얼해도 봄기운은 좋다. 새 봄으로 와주니 이 또한 복이다. 살아서 걷고, 걸어서 좋고, 좋은 날들이 누적되면 내 인생이 꽃물 들 것이므로 이래도 좋고 저래도 좋다. 조만간에 다 지워버릴 꽃 사진을 이리 찍고 저리 찍으며 구름송이 같은 벚꽃무리를 향해 인사를 한다. 내가 바빠서 그대를 다시 찬찬히 보지 못하더라도 아름답게 피어주니 고맙다고 웃어주었다.
 오늘은 꽃비를 재촉하는 봄비가 내린다. 아직도 꽃봉오리를 채 열기도 전인 목련나무를 전지하여 뽀얀 꽃송이가 잘라낸 가지 더미에서 빗물에 젖고 있다. 아파트에서는 정해진 날의 일정대로 전지

작업을 하는 것이겠지만, 나는 잘린 가지를 보며 짠해서 들어갔다가 다시 나왔다. 두 손을 다 써서 그 꽃봉오리를 구제해야 하므로 비옷을 입고 빗속으로 나가 상처 난 꽃송이들을 구하여 손에 쥐고 빗속을 걷는다.

"상처 입은 꽃송이를 마저 피게 해주리라."

해마다 이맘 때 창 너머 살구나무가 있는 2층집에서는 자신의 아파트가 천국으로 느껴진다던 이의 눈도 호사를 마쳤다. 서럽게 가지를 잘라내어 잎이 돋을 때까지 시야가 괴롭게 생겼다. 좋으라고 한 전지작업이지만 우선은 눈엣가시다. 나무를 잔인하리만치 잘라버렸다. 한때 웃으면 한때 울리라는 성서말씀이 살구나무와 마주한 집에도 해당되다니….

어찌 그뿐이겠는가. 조양호의 사망 소식이 짠하다. 아내와 두 딸이 상식 이하의 행동으로 세간에 눈살을 찌푸리게 하더니 급기야 가장이 세상을 하직하였다. 성하지 못한 몸으로 살면서 가족 때문에 얼마나 치욕스러웠을까. 새삼스럽게 친정집 안방에 걸렸던 '가화만사성'이라 쓰진 액자가 생각났다.

그 액자를 쓸 때, 아버지는 마음에 다지고 실천하고자 했을 것이란 생각이 든다. 조용하고 말수가 적은 아버지는 방마다 액자를 걸었고 그 액자에 쓰진 글을 어느 날 동생들에게 물어보니 주의 깊게 가슴에 담고 사는 형제는 없으나 나는 다 외고 있다. 우리 6남매는 부모 앞에서 소리 높여 싸워본 적이 없다. 어찌 한평생 살면서 모두가 다 자신들 마음에 드는 형제자매였을까만 서로 감정을 오므려서 가운데를 비워 화평의 자리를 만들고 오늘에 이르렀다.
"내가 아무리 옳은 말을 하고 좋은 말을 해도 주머니를 넉넉하게 채워주는 아버지가 아니니 말에 힘이 실리지 않는다. 네가 알아듣고 동생들에게 본을 보이며 오순도순 알콩달콩 살아라."
지금 우리에게 올 수 없지만 아버지가 우리 집 앞에 와서 벨을 눌러주면 좋겠다. "정순아" 하고 불러주면 좋겠다. 꽃비를 맞으며 아버지와 내가 즐겨먹던 커피와 카스테라를 같이 먹으러 가고 싶다. 꽃이 진다고 서러워 말자고, 다음 해에 또 만날 것이니 기다리자고 커피잔을 기울이며 말하고 싶다. 돌아가기 전에 소주 한 잔이 벗이라고 할 때도 아버지는 나를 부르지 않았다. 혼자 고요히 저수지의 붕어를 그리워하며 봄을 보냈다. 그것이 서운하여 지금 나는 아버지의 목소리가 듣고 싶다.
강원도 산불이 문제가 아니라 조만간에 온천지에 하느님이 영산홍 꽃무릇에게 꽃불을 놓을 것이니 가슴 데일 사람들에게 누가 소방관 역할을 맡을까. 많은 돈을 두고 가는 조양호가 그의 남은 가족들에게 소방관 역할을 할 수 있을까. 목숨을 내놓고 불을 꺼줄 수 있을까.
어려서는 부모가 반팔자고 나이 들어서는 자식이 면류관이라 했는데 아무리 보아도 조양호 가족들은 면류관은 되지 못한 것 같다. 내 아버지는 돈으로 푸짐하게 자식들 주머니를 채워주지는 못했어도 만년에 자식들 때문에 고생하지 않았다. '살았을제 부모'라는 정신으로 극진하지는 못할지라도 자식들에게 섬김 받고 보호받고 한 평생 멋지게 살다가 갔다. 부활절이면 문인화를 그린 솜씨로 계란에 난을 쳐서 한 바구니씩 어머니에게 안겼으며, 붓이 쉬는 일 없이 틈만 나면 매란국죽을 그려 자식들이 연하장으로 사용하도록 나누어주던 아버지다. 그 아버지가 그리운 것은 매화꽃잎 진 자리처럼 아버지 인생이 진 자리가 고와서 목소리가 듣고 싶다. 고향에서는 매화축제가 열리고 있는데 아버지는 하늘로 오른 향내를 맡기나 했을라나.

(2019. 한국아파트신문)

명품거리의 리어카

청담동의 길거리는 명품점이 줄지어 서 있다. 계절이 오기도 전에 쇼윈도가 먼저 계절을 알려준다. 쇼윈도의 인테리어에는 소품의 색상이나 마네킹의 옷가지가 달라지거나 전체적인 분위기를 바꾸기도 한다.

젊은 날, 미술실에서 근무한 나는 직업적 본능으로 색상의 변화에 민감하고 쇼윈도의 변화를 애써 챙기며 보는 즐거움을 가진다. 내 취미의 한 축이다.

봄이 오기도 전, 주워서 어깨를 올리고 대로변으로 걷다가 쇼윈도를 보게 되었다.

세상에나…. 인테리어 소품으로 사용한 물건이 리어카이다. 굵은 쇠파이프로 만들어진 리어카에 연두색과 노란색을 칠하여 쇼윈도의 양쪽에 갸웃하게 세워 두었다. 사선으로 세워 두어서 얼핏 보아서는 리어카로 보이지 않는다는 게 기발한 아이디어이다. 작업하기도 어렵고 돈도 많이 들었을법한 인테리어도 수두룩한데 발상의 전환으로 이렇게 경제적으로 절기를 알려주고 신선한 느낌을 전할 수 있을까. 나는 스포츠웨어 점포의 인테리어로 하얀 사다리를 세워두고 노란색 운동화와 연두색 운동화를 신고 걷는 듯 구부려가며 붙여두어도 좋을 것 같다는 생각을 하면서 거리를 느릿하게 걸었다. 지금에야 아무리 신선한 아이디어가 피어나도 소용없는 일이지만 생각만으로도 즐거운 걸 어쩌랴.

친구들과 패밀리 레스토랑에 갔다. 자리에 앉고 보니 천장이 보인다. 샹들리에가 있어야 할 자리에 납작한 냄비와 손잡이가 긴 냄비를 돌려가며 걸어 장식을 해두었다. 전구의 빛을 가려서 되레 답답해 보였다. 조금 화사하게 색을 칠하거나 구멍이 숭숭난 쇠 조리 기구를 정교하게 엎어두었더라면 무엇인지 알아보지 않고 멋스럽지 않았을까.

복고풍으로 노란색 양은 냄비를 사용한 듯하나, 그 레스토랑은 라면집도 아니고 된장찌개 집도 아니다. 젊은이들이 드나드는 서구식 음식점이다. 천장도 그다지 높지 않아서 머리 위의 장식이 부담스러웠으므로 내 시각으로는 실패한 인테리어가 되고 만다.

발상의 전환은 '알고 보니 그거였구나'여야지 대놓고 걸어둔 것 같으면 디자인 파괴가 되고 만다.

편지 받아주는 사람

"5리를 가자고 하면 10리를 가주어라." 성서의 가르침이다.

가정의 달, 5월에는 멀리 있던 사람들을 만날 기회가 자주 생기므로 사람에 대한 애정을 조금 더 발휘할 때이다. 성서의 가르침을 생활에 접목하려고 노력은 하나 늘 실천은 미흡하다. 길을 걷다가 넘어진 사람을 도와 일으켜 주는 것까지는 어지간히 해낼 수 있으나 그 후에 걸을 수 있을지에 대한 염려가 생기면 마음 편하게 손을 놓기가 어려워진다.

어느 날, 시립병원에서 봉사를 하는 자매에게서 전화를 받았다. 퇴원하는 환자 중에 장애인이 있는데 치료를 마치고 꽃동네로 가지 않고 가정을 꾸리고 싶다는 이야기다. 그녀는 먼저 성모님을 모시고 그 일을 해결해보려고 한다며 나에게 성모상을 줄 수 있느냐고 물었다.

당연히 준다고 대답하고 내용을 물었다.

　그 남자 환자는 결혼하여 아내와 자식을 두고 돈을 벌러 열사의 나라에 갔다. 먼 훗날을 위해 희망을 품고 번 돈을 모두 가족에게 부쳤는데, 돌아와 보니 여자는 바람을 피워 모든 돈을 날리고 허무하게 아내의 마음은 다른 남자에게 가 있더란 이야기다. 그는 분노를 이기지 못하고 자살하려고 오토바이를 타고 질주하다가 낭떠러지로 떨어져 하반신을 못 쓰는 장애를 입었다. 그는 꽃동네로 들어가서 오웅진 신부님의 도움을 받고 정신을 회복하여 피정지도도 함께하고 기도를 하도록 안내하는 역할도 맡았다. 사연은 기구한데 인물이 출중하여 봉사를 다니던 한 여대생이 그 남자에게 마음을 빼앗겼다. 그러나 이루어질 수 없는 사랑으로 결말이 나고 그는 그곳을 떠나고 싶어졌다. 마음은 의지대로 말을 잘 들어주지 않더니 병이 들어 입원을 하게 되었다.

　나는 성모상을 씻어 챙겨두고 가지러 오기를 기다렸다. 그 사이 다시 전화가 왔다. 지금 아무것도 없지만 성모님을 모시고 기도하면서 한번 도와본다는 취지다. 나는 우리 살림살이 중 두 개 있는 것은 모두 한 개씩 덜어냈다. 성모상을 선두로 이부자리, 컴퓨터, 책상, 그릇, 포크, 스푼, 이쑤시개, 찻잔, 메모지, 볼펜, A4용지, 편지봉투, 감기약, 소화제, 파스, 영양제까지 꺼내놓으니 현관이 한가득이다. 접시, 그릇, 대접은 있는데 냄비류만 없다. 다 꺼내놓고 소식을 알리니 우리 집으로 오고 있는 일행 중에 지난 연말행사에

편지 받아주는 사람 · ― 173

서 행운권 당첨으로 받은 냄비 세트가 있다고 그것을 보탠다고 하고, 한 사람은 만약에 밥을 하지 못할 때 먹으라고 인절미를, 한 사람은 김치를 담가다 보탠다고 하였다.

그날 밤 그 소식을 가지고 기도회에 가서 내 책 백 권을 내놓았더니 모두가 사 갔다. 그 소식을 그 다음 날 성서공부 팀에게 말하였더니 봉사자가 2백만 원을 해왔다. 우리는 보태고 보태서 안산에 원룸 얻을 보증금을 마련하고 월세는 아들을 불러다가 유치원 등원을 돕던 운전기사직을 가진 형제가 자기 직업을 그 남자의 아들에게 양도하여 살게 만들어주었다. 그러자니 가족 구성원 중 여성이 빠졌다. 놀랍게도 일주일이 지나자 갈 곳이 없는 여자가 병원에서 나와서 함께 공동체 생활을 하도록 돕고 그 동네 성당에 인계했다. 그제서야 우리는 한바탕 휘몰아친 회오리바람에서 안정을 찾았다.

그 후로 기구한 사연을 가진 그에게서 장문의 편지가 날아들었다. 첫 번째 편지에만 답장을 하고 그 다음부터는 '편지 읽어주는 사람'이 되겠다고 하였다. 슬프고 억울한 감정을 아무리 잘 다스렸다고 하여도 어딘가에 고여 있다가 표출될 것이며, 한번 봇물이 터지면 걷잡을 수 없이 쏟아질 내용이 그 사람에게는 남아있기에 스스로 펜을 놓고 싶을 때까지 쓰라고 권했다. 그러다가 보면 자신이 흘러야 할 인생의 방향을 잡고 제 길로 흐를 것 같아서였다. 따뜻함도 한철인데 한 사람의 심정을 착각으로 흔들어서는 안 될 것이 자명하여 매정한 듯하여도 그리 하였다. 그러니까 그는 언제나 발신인이고 나는 언제나 수신인인 셈이다.

  봄날 하얀 철쭉과 붉은 영산홍이 어우러진 성당 마당에서 그 남자가 하늘나라로 갔다는 소식을 전해 들었다. 충실하게 기도하는 삶을 살아서 가는 길도 편안했다는 이야기다. 5리를 가자고 할 때 10리는 가줄 수 있지만 내내 함께 갈 수는 없는 일, 봄날 꽃이 아무리 좋아도 항상 함께할 수 없는 일처럼, 만사에 마무리하기 전에는 언제나 어려움이 따른다. 어버이날 자식들이 모여와서 왁자하게 떠들다가 떠나간 뒷자리처럼.

(2019. 한국아파트신문)

낮춤의 미학

 공터에는 하늘이 송두리째 담긴다. 빌딩이나 굴뚝이 찌르지도 않고 키 작은 풀들이 낮은 자리에서 하늘이 더 많이 들어차도록 받치고 있다. 키가 커봐야 잡초라 불리는 식물이고 꽃이라고 해봐야 도꼬마리, 메꽃이 눈에 뜨일 정도다. 자잘자잘한 까마중 꽃이나 달맞이꽃 정도에 고추잠자리, 말잠자리가 날고 저녁이면 실잠자리가 얼굴을 비친다. 그들이 무대가 되어주면 구름이 주인공처럼 떠돌고 소나기라도 뿌리고 지나가면 더 싱싱하고 생명력이 가득해 보인다.
 나는 어려서 공터인 전주의 구선매정 자리에 딜링 한 채가 있는 관사에 살았다. 내 시야에 들어오는 것들은 온통 생명 있는 것들이었으며 통칭 잡초로 불리던 것들이었다. 마당에는 땅강아지며 쥐며느리가 친구처럼 찾아오고 닭장의 수탁은 무섭게 제 가족을 챙겼다.

그래서인지 도시에서 도시로 이동하며 살아온 나는 고층건물이 즐비한 강남의 청담동에 자리를 잡고 살면서 내내 고층건물이 내 시야를 가릴 때마다 답답함을 느꼈다. 내가 사는 아파트도 5층에서 15층으로 재건축이 되었고 주변의 나지막한 집들이 모두 높게 올라가고 있어서, 이제는 그러려니 하지 않으면 살 수가 없는 현실이 되었다.

어느 날 잘 다니지 않던 리베라호텔 쪽의 길로 가다가 공터를 만났다. 과거로 시간여행을 온 것처럼 나는 소녀가 되어 언덕에 동그마니 서서 공터를 바라보며 한동안 있었다. 진흥빌라를 재건축하기 위해 헐어낸 자리였다.

하늘이 그 땅에 통째로 들어차 있다. 기존의 건축물을 헐어내는 동안 그 길을 지날 때면 울타리를 쳐서 풍경이 마음에 들지 않아 그 길을 택하지 않았다. 그러다가 공터가 되고나니 그 자리가 편안했다. 유년의 터로 느껴졌다.

반면, 야트막한 단층 건물을 없애고 고층 빌딩을 높여 외장을 검은색으로 마무리했을 때 나는 그 빌딩을 밀어버리고 싶었다. 창을 열면 보이던 한강을 그 건물이 가로막고 있어서 손으로 밀어내는 시늉을 하면서 거부증을 심하게 드러냈다. 결국 그 창가에 자주 가지 않게 함으로써 나는 그 검은 빌딩에 대한 거부증을 피할 수 있었다.

사람이 이 검은 빌딩처럼 나의 시야를 가렸을 때 빌딩 탓을 하며 불편함을 호소하여봤자 변하는 것이 없다. 말을 하지 않고 높이로 존재를 드러내는 건축물에도 마음이 영향을 받는데, 하물며 벼슬 높이로 존재감을 드러내고 정책에 대한 입심을 발휘한다면 그 높이로 인한 거부감은 사람을 괴롭히는 일이 될 것이며 자연스럽게 멀어지게 되는 것은 자명한 일이다.

다산의 상소문 「변방사동부승지소(辨謗辭同副承旨疏)」는 1797년 6월 22일(음력) 정조에게 36세의 다산이 올린 글이다. 뛰어난 글 솜씨와 인간에 대한 통찰력이 빛나는 상소문을 읽고 놀란 정조가 "착한 마음씨의 싹이 온화하여 마치 봄바람에 만물이 자라는 것과 같이 종이에 가득 펼쳐져 있으니 말한 내용을 감격스럽게 들었다."고 표현하였다.

다산은 정3품 당상관인 동부승지 벼슬에서 물러가게 해달라고 애원을 하여 하시골 곡산도호부사라는 목민관의 벼슬을 받고 좌천을 당했다. 벼슬을 하고 싶어 고개를 들고 바라보던 사람들은 그가 은근히 고마웠을 것이다.

정조뿐만 아니라 벼슬에 오르고 싶은 사람들은 자신을 낮추고 높은 벼슬자리를 내놓고 싶다는 내용을 접히고 놀라지 않을 사람은 없다. 이 상소로 인해 '천주학쟁이'로서의 비방과 어려움을 면할 수 있었으며 자연스럽게 욕심이 거세된 듯한 현명한 상소문 덕분에 정약용은 '허물이 없는 사람'이 될 것이란 판단 아래, 정조는 바로 임지로 떠나게 해주었다.

그러나 몇 해가 지나 총애를 주던 정조가 세상을 떠나자 다산과 반대 정파인 벽파가 다시 집권을 하게 되었다. 다산은 다시 '천주학쟁이'로 몰렸다. 하지만, 하늘은 다산을 죽일 수가 없어서 긴 유배살이로 이어졌다.

이상은 메일로 들어온 글에서 발췌 요약하였다.

요즘이나 옛날이나 지나간 허물을 들춰 정략적으로 이용해 먹는 악습은 여전하다. 오늘날 우리는 학자의 다양한 저술을 만날 수 있게 된 것이니, 좌천은 천주학쟁이의 지혜로운 판단이었다. 좌천은 살 길이었고 복이었으며 후대에 두고두고 지적 유산을 남긴 경사였다. 땅에서 낮춘 사람은 하늘에서 보아 높은 사람이다.

때를 알고 처신을 낮추면 살 것이고 때도 모르고 날뛰다가는 하늘이 심어준 천재성을 피워보지도 못하고 목숨을 잃고 만다. 높아지는 것만이 능사가 아니라 낮추고 낮추어서라도 살아서 생명의 꽃을 피우고 열매를 맺는 것도 인류에게 바람직할 수 있다. 하늘이 허락하는 능력은 충분히 발휘하고 가야 하는 것이므로 자세는 낮추더라도 숨은 역량은 높여서 영원히 살게 하는 지혜의 말을 남겨두는 일은 가치 있는 삶의 결과이다.

그 빌딩이 보이는 쪽을 내가 피해가면서부터 거부감도 사라졌다. 나에게서 멀어진 인연이나 내가 멀리 한 인연에 대해 나는 이견을 달지 않기로 했다. 재건축하기 위해 부수어버린 빌딩처럼 무너져버린 인연이라고 생각하기로 했다. 그리움이나 사라진 것에 대한 연민보다는 지금 내 앞에 보이는 것을 편안하게 받아들이는 것만이 영원으로 이어갈 나의 역사적 실천이라고 생각하며. 작고 낮은 자리의 생명 있는 것들을 깊은 눈빛으로 바라보리라.

충격체감의 법칙

　세상에는 통계를 통해서 다양한 법칙이 발표되고 있다. 그중에서 최근 들어 충격체감의 법칙을 자주 들먹이는 이유는 재미와 가치 사이에서 피어난 사건들이 너무나 충격적이고 원색적이라 분노가 솟구치고 있어서다. 만사를 자주 접하다가 보면 처음처럼 반응하지도 않고 또 그런 일이 지구촌 어딘가에서 일어났는가 보다고 인지하고 지나가게 된다. 이러한 상황을 충격의 한계효용 체감법칙이라고 한다.
　세상에서 없어져야 할 재미는 타인의 삶을 노리개 삼는 일이다. 연예인의 성폭력 사건이나 권력층의 성 접대 사건, 생명 있는 짐승을 함부로 대하는 일 등이 매일 뉴스마다 쏟아진다. 그러한 소식이 꼬리를 물고 전해지니 들을 때마다 불편한 정도를 넘어 구토가 날

지경이다. 보고 듣는 이들에게 불쾌감을 주는 일은 자신들의 인생 밭에 불행의 씨앗을 뿌리는 일이며 결국 자신이 거두고 만다. 모르는 게 아닌데도 무뎌져서 바늘도둑이 소도둑 되듯 죄성을 키우다가 법망에 걸리고 만다.

해서 재미있는 일이 가치와 맞물리면 금상첨화겠지만, 가치와는 거리가 먼 재미에 맛들이며 본능적인 욕구에 충실한 사람들에게 나는 묻고 싶어진다. 알려질까봐 공포감을 가지면서도 한 번 두 번 무사히 넘어가는데 바로 충격체감의 법칙이 작용한다.

인류의 일부는 가치 창출을 위해 헌신하거나 수고를 아끼지 않는 부류도 있다. 그런가 하면 인류의 보편적 가치 구현이라고 환호성을 올렸다가도 훗날 역사의 평가대에서 혹평을 받고 당대에 누리던 권력의 대가를 치르기도 한다. 우리는 역사 안에서 인류의 재앙이 되는 경우를 얼마든지 찾아볼 수 있다.

재미만 추구하면 웃다가 나중에 울게 될 것이고 가치만 추구하다가 보면 웃을 일이 적어서 사는 맛을 느끼기가 어렵다. 재미와 가치가 3대 7의 비율일 때 조화롭고 행복한 삶이라 표현할 수 있다.

재미있는 일에는 권하지 않아도 달려가고 가치로운 일에는 기도로 자가 응원을 하며 의지를 세우거나 등 떠밀려 하다가 가치를 창출하기도 한다. 그 길은 결코 쉽게 가는 길이 아니라서 같은 가치를 추구하는 사람들끼리 연대해야 시너지 효과를 볼 수 있다. 서로에게 힘을 실어주면서 한계를 극복해야 도달하고자 하는 가치의 세계에 착륙할 수 있다.

하지만 가치로운 일에 맛을 들이면 재미는 서서히 따라붙는다. 알면 쉽고, 쉬워지면 횟수가 잦아지면서 성과로 인한 즐거움이 피어난다. 해서 재미있는 일도 성과를 내려고 하면 이미 즐거움이 반감된다는데 어려움이 따른다.

젊어서는 가치로운 일에 비중을 두고 나이 들어가면서는 자신의 정체된 욕구를 해소해주면서 인생을 통합하는 것이 바람직하다는 것을 나는 요즈음 나의 삶으로 증명한다. 쓴맛 다음의 단맛은 상대적으로 더 달다는 것을 경험으로 알린다.

(2019. 한국아파트신문)

무지개를 깔고 앉은 여자

　심경에 변화가 오면 행동에도 변화가 따른다.
　컴퓨터 작업을 본격적으로 내 삶으로 끌어들였을 때 약국에서 약사가 사용하는 의자가 편해 보여 같은 물건으로 들여놓았다. 그러나 컴퓨터 작업을 하는 나에게는 적합하지 않았다. 그래서 그 의자를 다른 약사에게 넘기고 나는 움직이지 않는 의자로 대체하였다. 그리고 무지개색 타월을 깔았다. 그 덕분에 의자에 앉을 때마다 정겨운 퇴행여행을 한다. 새롭고 신선하다.

　내게는 인연지은 지 40년이 넘은 물건이 두 개 있다. 하나는 첫 아이를 낳았을 때 마련한 플라스틱 삼단서랍장이고 다른 하나는 무지개색 타월이다. 삼단장은 지금 다용도실에서 허드레용으로 사용하고 있다. 늘 첫 마음을 잃지 말라고 말해주는 것 같아서 싫지 않다.

무지개색 타월은 4월생인 아들이 태어나면서부터 요 위에 깔려 있다가 조금 커서는 목욕하고 난 후 감싸는 타월로 사용하였다. 작은 애 때도 사용하였다. 이사를 자주 다니면서 짐을 단출하게 하느라고 수시로 효용도가 떨어지는 물건을 치웠는데 그 타월이 용케 남아있다. 버리지 않은 꿈처럼. 얼마나 많은 생각과 정성을 담으면서 그 떡 애기를 잘 키우려고 했던가 그 타월은 알고 있다.

다시 짐 줄이기 작전에 들어간 이즈음, 내 눈에 그 타월이 걸렸다. 이제 두 아이가 내 집을 떠난 지 각 10년이 넘다보니 다시금 그 타월이 소중해졌다. 우리 두 아이 인생의 뿌리이며 산 역사를 담고 있기에 동네 어귀의 거목처럼 한 번씩 만지고 돌아선다. 자식이 너무나 소중해서 아이의 보드라운 살결을 만지듯 쓰다듬고 내려놓는다. 한바탕 꿈이 있던 역사 속으로 퇴행여행을 하고나면 정신이 맑아진다.

어느 날, 며느리에게 그 타월의 역사를 말하며 가져가겠느냐고 물었더니 날 이상한 할머니 보듯 빼꼼히 쳐다보더니 손사래를 친다. 당연하다. 나에게 소중한 것이지 자신은 지금 현물인 우리 아들과 살고 있지 않은가. 그 타월은 그저 낡고 색 바랜 물건일 뿐이다. 아들에게도 물어보고 손녀에게도 물어보았으나 모두가 낡은 타월 그 이상으로 여기지 않는다.

공교롭게도 두 아이가 등을 대고 잠이 들었던 타월처럼 지금 같은 직업을 가지고 무지갯빛 인생을 펼치며 살고 있다. 타월을 마주하고 있으면 토실토실한 팔뚝이 생각나고 단단한 엉덩이를 실룩거리며 아장아장 걷던 모습이 떠오른다. 고단했지만 지나고 나니 그 자리는 행복의 원천이다. 그래서 내 곁에 둔다.

　살아있는 기운이 스민 타월이며 운동선수의 등판번호가 찍힌 셔츠와 같은 것인데 모른다. 나는 보관하는 서랍에서 꺼내 내 컴퓨터 의자에 깔기로 했다. 그러고 보니 내가 무지개를 깔고 앉은 여자가 되었다. 이 의자에 앉아 남모르게 무지개색 웃음을 피우는 어제 오늘이다. 부디 이 타월이 서서히 낡기를 희망한다. 자식들이 내내 잘 살아주기를 소망하는 어미의 마음이 하루에 몇 시간씩 타월에 깃든다. 글을 쓰는 시간을 말한다. 살아있다는 증빙이다. 그림자나 이름이나 생명체라는 존재로 살아있는 것이 아니라 가치를 생산하고 남편과 둘이면서 홀로인 삶을 만들어가며, 나중에 내 자식들도 무지개색 타월을 깔고 앉은 엄마 아빠가 되기를 기원한다.

　내가 깔고 앉은 무지개색 타월은 우리 가족 역사의 상징이며 아무도 볼 수 없는 내 인생의 힘이다. 자식에게로 DNA를 물려주고 잘 자라는지를 살피는 것은 곧 자신을 살피는 일과도 같다. 지극히 원초적이고 본능적이며 삶의 근원에 가 닿아서 특별한 그 무엇이 아니어도 존재 자체로 좋은 것은 자식뿐이다. 나의 연장이니까. 자식은 저의 자식에게 내리 사랑을 하며 살아가도 당연해서 서운치 않다. 나의 현실은 역사를 깔고 앉은 자세이므로 내게 남은 무지개색 타월에서 40년 동안 사랑을 내려준 에너지를 끌어올린다. 웃고, 울고, 기다리며 기도하는 가운데 사랑은 받는 것과 무관하게 흘러갔다. 아무 탓도 남지 않은 세월 속에서 나는 유치환의 시를 읊조린다.

"사랑을 하는 것은 사랑을 받느니보다 행복하나니라."

(2019. 한국아파트신문)

수류화개(水流花開)

쌕쌕, 내 안에서 피리 소리가 난다. 들숨날숨을 쉴 때마다 기관지의 공기가 망사를 통과하는 것 같은 느낌이다. 답답하니까 기분은 좋지 않다. 그래도 병원에 가고 싶지 않다. 일단 열이 나지 않으니 쉬어보자고 작정을 한다. 적게 먹고 많이 잔다. 머리를 쉬어준다. 비타민 C를 두 배로 먹어준다. 따뜻한 생강차를 마신다. 기침과 가래로 수고롭기는 했지만 일주일을 지나면서 이제 8부능선은 넘은 듯하다. 근육통이 줄어들긴 했지만 피리 소리는 더 커지는 것만 같다.

걸을 수 있고 먹을 수 있으니 감사하다고 생각하며 애써 긍정마인드를 가져본다. 말이 하고 싶고 욕구가 피어난다는 것은 치유의 전단계로 보아도 되는 것 아닌가. 슬금슬금 몸의 변화가 궁금해진다.

'도대체 가래는 왜 생기는 것일까.'

놀랍게도 동의보감에 100가지 병이 있으면 가래(痰)가 원인인 경우가 99가지라고 했다는 답을 들었다. 가래가 병이 되기도 하고 병이 와서 가래가 생기기도 한다는데 갑자기 흥미가 동했다.

지구상에 물이 있어야 할 곳이 아닌 곳에 물이 고이면 탈이듯 우리 몸에도 그렇게 물이 생기지 말아야 할 곳에 끈적한 물이 생기면 병인거구나 싶어서 이해를 달리 했다.

그러니까 본디 사람은 다 좋은데 어쩌다가 오장육부가 뒤틀리면 나쁜 사람으로 변하듯이 우리 안에 흐르는 물이 흐르지 못하거나 말라서 물이 필요할 때면 가래가 생기는 거였다.

아 최근에 바짝 잠이 줄어서 늦도록 글을 쓰면서 진액을 탕진했더니 골분이 빠져나간 우골처럼 어딘가가 숭숭 구멍이 뚫린 듯 허기졌다. 찬바람은 그 틈을 비집고 들어와 재빠르게 기관지에 안착하여 가래를 만들고 있다. 생체리듬이 깨지고 잠을 적게 잔 것이 감기의 주원인이 되었던 거였다. 신진대사가 원만하지 못한 계절 탓도 있기는 하다. 하루 먹은 음식과 하루 운동한 힘으로 에너지 완급을 조절하면서 나름 건강하게 살아왔는데 운동을 하지 못해서 글 쓰면서 에너지를 태우곤 했다. 무엇이건 꼭 필요한 만큼 지니지 못하면 병이 된다는 것을 잠시 잊었다.

가래는 필요하지 않은 비 생리적 진액으로 내 숨을 불편하게 한다. 이는 내 장기 중 호흡기가 약해서 거기서 병발이 된 것이다.

생겨난 것은 제거해야 하기에 내 몸은 그것을 제거하느라고 자꾸 기침을 해댄 거였다. 이제 알기는 했지만 기침을 하지 않고 내 안에 있지 못하게 녹여낼 궁리를 하다가 지난 가을에 사다둔 도라지 생강청을 찾아냈다.

'초토화 시켜 버려야지… ㅎㅎㅎㅎ.'

따끈한 물에 도라지청을 넣고 거기다가 홍삼엑기스도 넣어 벌컥벌컥 마신다. 갈라진 논에 물을 대듯이 콸콸 소리가 들리듯 그렇게 물을 넘긴다. 범람하지 않을 만큼 마신다.

불필요한 물은 신체 곳곳에서 물집, 물혹, 물고임 등으로 폐를 끼친다. 몸 안에서도 흘러야 할 물이 흐르지 않으면 병증으로 나타난다. 걸걸거려도 어디에 있다는 것을 아는 가래는 고맙다. 거기만 치료하면 되는 거니까.

한데, 갑자기 마음이 급해졌다. 전문가를 무시한 경우 같아서 병원으로 달린다. 가는 도중에 교우를 만났다. 어찌나 병원에 간 게 드문 일인지 오랜만에 가보면 없어지기도 하고 새로 개업도 하여서 그냥 내과가 어디에 있느냐고 물었다. 놀랍게도 모두가 믿고 다니는 병원을 나만 몰랐다. 대학병원의 협력병원이라 하여 깨끗한 병원이 들어와 있다. 그녀는 잘 본다고 말하면서 반드시 수액을 맞으라고 권했다. 무엇인가 맥이 통한 것처럼 정신이 번쩍 든다.

'수류화개(水流花開)'- '옳거니! 수액을 맞고 신진대사를 원활히 하여 불필요한 가래를 녹여낸 다음 몸을 꽃피워야지. 맞네, 치워달라,

채워 달라는 신호가 맞네. 바로 좋은 물을 통해 '기(氣)'를 보충하고 영양 상태를 좋게 유지해 주는 게 우선이네.'

상상에 상상을 더해가며 병원에 도착했다. 폐 엑스레이를 찍고 폐활량도 검사한다. 의사는 평소에 내가 힘들어 하는 몸 사정을 듣고 본 듯 줄줄이 나열한다. 결론은 감기가 아니라 천식기라고 한다. 심하지 않으니까 우선 거담제를 사용하고 기관지를 확대하여 숨쉬기를 돕도록 처방전이 내려졌다. 약국에서는 비타민 D도 얹어 주었다. 바깥출입이 줄었으니 인정하고 그 약을 사기로 하였다. 병원에 갈 때는 다소 호전되어서 온전해지려고 갔는데, 집에 올 때는 병명을 혹으로 달고 왔다.

이렇게 나의 71세는 기침으로 시작하여 천식이라는 새로운 통증 장르를 내 본디의 것인 듯 받아들였고 나는 약 먹는 사람이 되었어도 속상해 하지 않으려고 웃었다. 독감이 걸려서 타미플루를 먹어야 한다면 11명의 가족들과 만나는 자리에 참석하지 못할 뻔했는데 그것이 아니라서 다행이라고 위로를 하였다.

물이 잘 흘러야 꽃이 피어나고 기(氣)가 잘 흘러야 세포나 조직의 기능이 충분해진다는 것, 모두가 옳은 말씀이다. 의사의 말이 환자에게 물처럼 흘러들어야 병을 알고, 약이 몸으로 흘러들어야 세포나 조직이 제 구실을 하게 되고, 모든 것이 정상일 때 병이 낫는다는 사실을 인정하니 가벼워진다.

물이 물길로 가지 못하면 병폐다. 하나가 무너지면 다른 하나가 어그러지는 이치이므로 무리하지 않는 것이 잘 사는 길이다. 수류화개를 위해 준비해둔 보온병의 물을 마신다.

아픈 데 없다고 늦도록 글을 쓰며 건방떨다가 직격탄을 맞았어도 의사의 말에 순종하면 낫는다는 것도 아니까 '하늘 의사님'과 '땅의 의사님' 모두에게 겸손해진다. 조금 치사하지만 아프기 전에 그럴 수는 없을까. 신년 벽두에 몸을 조금 잃고 그 자리에 겸손으로 채웠다.

"죄송합니다. 쉬어가며 살게요. 물이 모자라도 안 되고 넘쳐도 안 되고 길을 이탈해도 안 되고 질이 나쁜 물을 마셔도 안 되지요. 흘러야 되는 속성을 지닌 생명체는 내가 노는 물이 발 담가도 좋은 물인지 분간해가며 살겠습니다."

약 그것 참 좋다. '쌕쌕' 신호음이 들리지 않는다. 숨쉬기가 편해졌다. 일주일분을 다 먹지 않아도 상태가 호전되면 약을 끊어도 좋다는 말을 들었으니 안정하면서 약을 먹었다. 다리가 아프지 않아서 병원에 혼자 갈 수 있으니 감사하다는 말을 잊지 않았다.

'수류화개(水流花開)'가 선 처방전이 되어주었다.

포 장

 나는 조촐한 선물을 포장하며 연신 웃는다. 선물을 포장하고 나누면서 일어날 다양한 변화를 상상하며 이 나눔 이벤트 자체를 수필반 수업자료로 이용할 생각이다. 내용물의 실질적인 값으로 치면 물건마다 거의 비슷한 가격이다. 그러나 내용물의 크기나 쓰임새가 각기 달라서 전혀 기준을 잡기는 어렵다. 포장지도 내용물과 무관하게 과대 포장되거나 망 사이로 내용물이 살짝 보이거나 이중 포장이 된 것 등 다양하다.
 선물을 앞에 두고 자신의 의식이 어떻게 흐르는지를 관찰하게 하고 모든 것은 선택에 의해서 결정되도록 장치를 한다. 선물에도 번호를 매기고 그 선물을 고르는 순서도 뽑기를 통해서 정해지며, 번호대로 차례가 되면 멀리서 그 선물들 중에서 자신이 선택하여 가지는 형식이다.

　선물을 제공한 사람은 '나'여도 무엇이 걸릴지에 대해 결정하는 것은 자신이다. 운명은 주어지는 것이 아니라 선택에 의해 결정된다는 것을 실감할 것이다.

　이 선물은 내가 아끼던 것들로 구성되어서 나쁜 것은 없다. 그러나 겉 봐서는 껍데기뿐인 것도 있다. 어떤 것은 내용물보다 껍데기를 사용하도록 꾸린 것도 있다. 선물을 준비한 사람의 마음이 이해되는 선에서만 좋다는 것이 가능하다. 내 뜻을 포함했으니까. 약간의 트릭으로 잠깐 실망을 부를 수도 있다. 하지만, 어딘가에 가치가 숨겨져 있어서 적극적으로 찾으면 발견할 수가 있다. 신이 인간 세상에 숨겨둔 복된 것들을 찾아내는 식이다. 장치된 속 물건의 진면모를 볼 수 없듯 사람의 속도 겉 봐서 모른다는 메시지를 담고 있다. 나는 이 메시지를 구체적으로 느낄 수 있기를 바란다.

　며칠 전 동인지 출판기념회 날인데 나이든 분들이 있어서 식사는 내 칠순을 기념하여 내가 마련하는 것으로 자체 잔치를 벌였다. 신부님도 모셨다. 신부님은 대충 밥 한 그릇씩 나누어 먹고 담소하다가 마칠 줄 알았던 동아리 행사가 식이 갖추어야 할 모든 요소를 충실히 갖추고 완성도 높게 치르는 것을 보면서 감동하였다. 식에 임하는 회원들은 지난해보다 더 순수하게 설렘을 안고 참석하였다. 기도로 시작하여 신부님의 축사를 듣고 초대회장의 지원 축사를 듣고 출판사의 진행 과정을 들었다. 케이크 컷팅과 촬영을 하고 먹는 순서로 이어졌다.

　음식이 준비되면서 뮤지컬배우인 회원의 딸이 축가를 불렀다. 무대에서 들어야할 노래를 우리만의 자리에서 생음악으로 듣고 있자하니, 일생에서 몇 번 안 되는 감동적인 시간이 되었다. 모두가 행복한 표정이 되어 한 곳을 바라본다. 맑고 고운 목소리가 얼마나 큰 선물인지를 실감했다. 회원 모두가 축제 분위기에 젖어서 행복해하였다. 노인들의 재롱잔치처럼, 수박 겉핥듯 지나가는 시상식을 보다가 나는 황홀했다. 이왕 벌이려면 준비를 충실히 해서 마음이 열리고 새로운 기운이 들어가도록 행사를 치르는 게 행사의 본뜻이다. 문학성과 잔치가 어우러지는데 축하용 장미가 있으니 눈이 즐겁고, 질 좋은 노래가 있으니 귀가 즐겁고, 꽃바구니의 백합에서 뿜어내는 향기로 코가 즐겁고, 맛난 음식이 줄지어 나오니 입이 즐겁다. 게다가 수필이 처방전이 되어주어 낫지 않던 병이 낫고 죽어도 여한이 없다는 증언도 쏟아진다. 중간 건배사로 '아리랑 쓰리랑'도 등장하였다. 오감을 모두 건드려 최대한의 효과를 내고 싶은 희망은 이루어졌다. 그날 밤이 지나도 흥분은 사그라지지 않았다. 포토샵을 한 사진이 카톡방에 올라오자 저마다 자기 얼굴을 보며 넘어진다. 아침마다 거울에서 보던 얼굴과 다른 미인들이 카톡거리며 연이어 등장한다. 미인열전을 써도 좋을 듯하다. 모두가 한 마음으로 엮인 시간이 감사해서 선물이라는 제목으로 수업을 해보기로 했다. 그들이 전한 축하봉투에는 밥값이 고스란히 들어있지 않은가. 안 주고 안 받기보다 주고받으며 그 손이 오간 자리에 우리들의 행복만 자리 잡았다. 커다란 케이크와 꽃바구니가 내 품에 안기니 이 또한 축복이다.

  무엇을 하건 아이디어가 튀어나오면 행동으로 바로 옮기는 나의 몰입도는 누가 보아도 높은 편이다. 생각 즉 행동이 된다. 포장을 마치고 운동하러 나갔다. 전철역과 이어진 지하도를 걷다가 의류매장에 들렀다. 손님이 뜸한 시간이라 주인이 안으로 불러들인다. 나는 이끌려 들어가 그 여인의 이야기를 들을 기회를 얻었다. 내용이 묘하다. 방금 포장을 마치고 나온 이벤트용의 주제와 같은 이야기를 쏟아낸다. 류(類)는 류(類)를 부른다는 말이 이런 경우인가 보다. 그 여인은 옷장사인데 옷을 챙겨 입지 않았다. 내용물보다 포장이 엉성한 차림이다. 아니나 다를까. 자신이 겉 봐서 사장임을 몰라보게 하고 다니다가 낭패를 본 이야기를 쏟아낸다.

  사람들과 소통되지 않아서 억울한 일을 당하고 나면 어딘가 말로 쏟아내야 그날이 무난히 지나가는데, 그 여인은 내게 말하고 싶었는가 보다. 말하자면 들어준다는 느낌이 들었던 것 같다. 나는 인문학 책을 사보는 것보다 이렇게 나와 전혀 다른 일을 하는 사람들의 이야기를 듣는 것이 인문학 공부라는 생각을 가진 사람이다. 그녀가 세금을 내야할 마감 시간이 임박한 날, 은행이 문을 닫아서 업무처리를 못하게 되자, 문제해결을 맡은 그녀는 그녀의 형부에게

SOS를 쳤다. 문을 닫고도 영업이 이어진다는 것을 아는 형부로부터 안내를 받고 여인은 은행으로 갔다. 거래량이 많은 고객이라면 문 앞까지 나와서 반긴다. 그 세상의 계급은 맡긴 돈의 크기가 서열이 된다. 아니나 다를까. 건물에 도착하여 수위에게 무엇인가를 물어도 계속 은행 업무가 끝났다고 귀찮다는 듯이 몰아내어서 그녀는 다시 형부에게 전화를 걸었다. 이번에는 직원들이 나와서 기다린다. 멀리서 다가갔는데 그녀 앞으로 고상하게 차려입은 여인이 지나가자 그 사람에게 접근하며 ***냐고 묻는 소리를 듣는다. 그녀는 두어 발자국 물러서 있다가 앞의 다른 사람이 아니라고 부정하자 한 발자국 다가가서 자신이 ***라고 말하자 상황은 난국이 되었다. 겉 봐서 모르는 세상이니 내용만큼 충실히 연출하고 다녀야 하는데, 만약 누가 뭐래도 나는 내 방식대로 산다는 신념이라면 평범한 사람들의 실수를 기꺼이 접어주어야 한다. 반면 겉 봐서 돈 많이 거래하는 사람 같지 않은 사람에게 오히려 여윳돈이 넉넉하고 어딘지 모르게 고급진 것들로 꾸며진 사람일수록 허당인 경우가 많다는 것쯤은 통찰하고 있어야 전문직업인의 시각이 아닌가 싶다. 그녀는 은행사람들을 제대로 읽지 못하였고 은행사람들은 누구든 공평하게 접근해야 하는 것을 놓쳤다. 연말이 코앞이라 나는 바로 그 점을 인식시키기 위해 이벤트를 마련했는데 이 여인이 나에게 수업을 풍성하게 하도록 에피소드를 제공한다.

우리는 자신을 보여줄 수는 있지만 설명하고 다닐 수는 없다. 총체적인 이미지로 자신을 표현하며 살아간다. 내면에서 우러나는 분위기나 길들여진 말솜씨는 하루 이틀에 만들어지지 않으나 옷차림이나 화장은 포장지를 골라 포장하듯 얼마든지 다양하게 변신할 수가 있다. 그렇지만 한두 마디 말에서 인격의 크기나 색깔이 드러나기도 하고 조금의 충격이 가해졌을 때에 정서적 흔들림을 통해 수양의 정도를 간파할 수가 있다.

포장을 지나치게 과장되게 하면 실망이 따르고 지나치게 축소하면 내용물의 평가에 손상이 온다. 대접받기 위해 사는 것은 아니지만, 이유 없이 불이익을 당하면서 살 것까지는 없다고 본다. 아무리 본질에 충성한다고 해도 세상에 어느 정도 발맞추어가며 살지 않으려면 예의 여인처럼 흥분하지 않고 오히려 미안하게 처신하면 진정한 자유인이라 할 수 있다. 그녀는 대학교 다닐 때 자신이 5월의 여왕으로도 뽑혔다는 설명도 하였다. 그러한 말은 무용하다. 등판에 자기 설명서를 붙이고 다니는 세상이 아니므로 앞으로도 불이익을 당할 소지가 다분하다. 50대 사업가가 거래 은행에 가면서 쫄바지에 풍덩한 스웨터를 벌렁거리며 갔다면 자기 불찰이다. 보편적인 정도를 구현하지 않은 모양새라 다른 사람에게 자신의 입지를 표현하지 못한 셈이다. 세상을 욕하면서 분노해봐야 자신만 억울하다. 세상을 바꿀 수 없으면 내가 맞추면서 살던가 그러한 상황에 무심하게 대처하던가 해야 한다. 급해서 달려왔다는 것을 암시하고 겸손했더라면 되레 은행직원들은 더 깊이 고개를 숙였을 것이다. 나는 장애복지관에서 봉사를 하면서 저들의 병력을 주의 깊게 듣는다. 몸에 맞추어 산 것이 아니라 자기 구호에 맞추어 무리를 하다가 쓰러진 사례가 가장 많다.

  그녀도 벌써 몸에 무리가 온다는 징표가 나타난다. 이 일만 끝내고 나서 쉬자고 할 때는 늦을 수가 있으니 조율할 때가 아닌가 체크해보라는 말을 남기고 나왔다. 소탈한 차림이라기보다 집에서 막 일하다 나온 듯한 그 여인에게 나는 박수를 칠 수는 없었으나 그만큼 바쁘게 산다는 것을 읽을 수 있었다.

  화장이 얼굴의 포장이라면, 가장 잘한 화장은 피부를 투명하고 자연스럽게 부각시키고 부분 화장은 강조하고 싶은 곳만 조금 진하게 하는 정도를 기준으로 삼는다. 몸의 포장은 옷과 기타 소지품이다. 이러한 것들이 전체적으로 어우러져야 분위기가 살아나는데 한두 가지만 튀게 하였다고 하여 인품을 드러내지는 못한다. 아무도 그녀의 통장을 확인할 길이 없고 그녀가 무슨 일을 하는지 무슨 생각으로 사는지 알 수 없을 때는 보이는 대로 판단할 수밖에 없다.

  우리의 출판기념 행사와 잔치에 걸맞은 행사는 결국 포장이다. 살림하고 봉사하고 고뇌를 품은 시간도 보내면서 1년 동안 열심히 글을 쓰고 책을 엮었는데 그 정성에 걸맞은 행사를 치러서 포장하여 사진으로 보이고 나는 글로 써서 남긴다. 독자가 책을 읽고 내 글을 읽고 사진을 본 다음 필자를 만났을 때 어느 정도 일치한다면 가장 자연스러운 포장을 한 셈이다.

안목지수란 속까지 열어보지 않고도 짧은 시간 안에 다양한 감각을 동원하여 인격의 최대치를 감지하는 능력이다. 포장지를 뜯지 않고 포장지 속의 것을 알아본다는 것은 요원하지만 옷을 벗기지 않고, 신상을 털지도 않고 사람을 알아보는 것은 시간문제다. 가릴 수 없는 얼굴과 글이 있으므로 가능하다. 나는 다음 수요일의 수업 시간이 궁금해진다. 흥미진진한 자기 발견과 다른 사람과의 차이를 발견하는 시간이 될 것이다. 조금 유치하더라도 인간적인 면모를 보는 날이다.

(2018 한올문학)

한 여자와 세 남자

 나는 최근 '미스티'란 드라마의 여주인공에 마음을 빼앗겨 매주 금요일을 기다렸다. 16회에 쏟아 부은 작가의 관점이 너무나 독특하여 공부하듯 보았다. 작가가 만들어낸 여주인공에게 왜 나는 이렇게 관심을 보이는가 물어가며 본다면 그 작가는 나에게 성공작을 낸 셈이다.
 시종일관 극을 끌고 가는 힘은 탄탄하다. 연기자의 선택과 그들의 노련한 연기력, 작품의 탄탄함, 군더더기 없는 전개에다 패션감각이 뛰어난 여배우의 옷 입기까지 곁들여 있어서 집중하게 만들었다. 세상을 읽는 작가 나름의 철학을 역설로 강변하고 있어서 드라마 한 편의 여운은 길다.
 결론부터 말하자면, 어떤 방식으로든 그녀를 사랑한 세 남자와

한 여자는 극 중 다 죽이거나 죽었다. 저들이 말하는 사랑이 각기 다르게 드러나지만 왜 저들은 저런 사랑을 하여야 할까 궁금하여 분석해보았다.

첫 남자는 고향의 고등학교 남자 친구였다. 그 남자는 쟁취하거나 접근조차 되지 않은 거리를 두고 그녀를 올려다보면서 지켜주는 사랑을 한 남자다. 자기가 사랑하는 대상을 지키기 위해 그녀를 스토킹하면서 괴롭히거나 위기에 처하면 방해자의 목숨까지도 제거하면서 자기가 아끼는 여자를 지킨다. 그게 그 남자의 사랑 방식이다. 그 남자는 아마도 어려서 어머니와 그런 정도의 거리에서 살았을 것이다. 그 남자는 그녀가 대학입학 등록금이 없어 일수쟁이 남자인 금방 어른에게 갔다는 말을 듣고 달려갔다가 그만 살인을 하고 말았다. 그녀를 지키기 위한 방어였다지만 그 결과 그는 감옥에서 18년간 옥살이를 하고 나와서 8개월간 다시 그녀 지킴이로 살다가 두 번째로 그녀를 괴롭히는 사람을 죽였다. 언제라도 감옥으로 돌아갈 각오를 하고 그녀 주변을 돌며 그녀를 지킨다. 마지막으로 그녀가 두 번째 남자의 살인 혐의를 쓰고 있을 때도 그녀가 진범이 아니라는 것을 알지만, 그녀가 사랑하는 지금의 남편인 세 번째 남자를 그녀 곁에 두기 위해 수고를 아끼지 않는다. 그 남자의 마지막 말은 단 한 번도 후회하지 않았다는 거다. 그녀가 그럴만한 가치가 있는 여자라고 적극적으로 인정해주지만 그녀를 자기 여자로 만들겠다는 이기적인 행동을 하지는 않았다는 점이 조금 특별했다. 제목을 달아보자면 함께 일상을 주고받으며 그 안에 사랑을 담는 것이 아니라 일방적으로 대상을 '바라보고 지켜주는' 형이다. 최종적으로 이 남자는 감추어진 살인자이고 그녀가 사랑하는 남자의 살인을 업고 거짓 자수를 하여 사형수가 되었다.

두 번째 남자는 그녀가 대학시절에 만난 남자. 그녀가 마음을 열고 일상을 살아보지만 그녀의 이상을 실현하는 데는 부적합하다는 판단이 들어 일방적으로 헤어지자고 말하고 갈라선다. 열악한 환경 속에서 제대로 성장해보지 않은 여자로서는 세상 속에서 일로 출세를 하고 싶고 오르는 데까지 올라가보고 싶다는 야망 때문에 한 남자에게 매몰되고 싶어 하지 않는다. 그녀는 드높은 이상을 향해 달리는데 그 남자가 적당하지 않다는 이유로 헤어졌다. 분노한 나머지 두 번째 남자는 미국으로 건너가 골프계의 거장이 되어 그녀 앞에 선다. 배반당한 남자는 열등한 과거를 지우기 위해 보란 듯이 그녀 앞에 나타나 괴롭힌다. 공교롭게도 고등학교 때 그녀를 부러워하던 친구가 그 남자의 아내가 되었다. 그녀가 잘 나가는 앵커 자리를 빼앗길 위험에 처했을 때, 특종을 내기 위해 공항에 나갔다가 맞닥트린 운명으로부터 그들의 갈등은 시작된다. 이상스럽게도 범죄자는 범죄 현장에 다시 와서 확인하는 심리가 있고 열등한 위치에 있던 사람은 열등감을 느끼던 대상 앞에 나타나 열등감을 씻고 싶어한다. 이보다 더 큰 어리석음이 있을까. 그 남자의 보복심리에 걸려들어 아내나 그녀가 곤혹을 치른다. 지금 행복한가 계속하여 물으며 자기에게 다시 돌아오기를 종용하며 끊임없이 유혹하다가 그녀의 현재 남편에게 살해된다.

  그러나 세 번째 남자인 그녀의 남편은 체면을 중시하지만 부모에게 인정받지 못해서 아내에게서라도 인정받고 싶어 하는 변호사다. 부장판사 승진에 밀려서 인권변호사로 자리바꿈 하자 가장 유명한 법조계 법인의 수장인 아버지는 아들을 자랑스럽게 여기지 않는다. 그런 남자가 아내에게 완전하게 인정받지 못하고 있다는데 대한 콤플렉스에 걸려 위축받고 살아가다가 저지른 과오다. 자식보고는 못난 놈이라고 하고 오르고 싶은 의지의 날을 세운 며느리가 마음에 든다고 하니 그 부모 밑에서 푸근한 인성이 길러질 리는 없다. 그 남자가 사랑한다고 말하고 그녀 곁을 지극 정성 지키는 것은 아내에게서 인정받고 싶어 하는 심리이다. 소위 '어른 아이'인 셈이다. 사람을 죽였다고 아버지에게 고백했을 때 들은 말도 '못난 놈'이었다. 사회적 권력의 배경은 좋으나 자신은 한 여자에게 인정받지 못하고 있는 자괴감에 시달리다가 유명 골퍼가 자기 아내 주변을 맴돌며 끊임없이 질투심을 불러일으키는데 대한 반발로 그 골퍼를 죽이고 아내를 살인자로 설정해놓고 변호를 맡는다. 변론은 대성공이다. 자신이 죽였으니까 무죄판결을 받도록 변론하는 것은 정황 설명이 가능하다. 그러나 검사의 집요한 질문의 망에 순간순간 진실이 걸려서 그 남자가 진범으로 의심을 받게 된다. 재판에서 변호하는 모습이 가장 멋스럽다. 좀체 마음을 열지 않던 그녀가 흔들린다. 자신이 초라해지지 않는 유일한 시간. 그것으로 그녀의 마음을 아주 잠깐 산 셈이다.

질투는 온전히 상대방을 가질 수도 없고 자신만의 영역 안에서 산다는 확신이 서지 않을 때에 일어나는 심리현상이다. 타인에게 자유를 허락하지 않는 소유욕에서 빚어지기도 한다. 이 또한 열등감에서 빚어낸 살인인데 아내를 위한 변호에서 무죄를 얻어내고 승리한 기분도 잠시 뿐이다.

놀랍게도 그녀 주변을 돌던 첫 번째 남자가 대리 살인자로 자백을 하여 감옥으로 가고 그녀의 남편은 양심이란 감옥에 갇힌다. 그리고 아내가 다시 진행하는 인터뷰 프로그램에 두 번째 인물로 선정되어 방송국으로 가던 길에 자살을 연상시키는 장면으로 극은 끝난다.

미스트, 안개길을 달려 터널로 들어간다. 공부의 세계에서는 져 본 적이 없지만 사회생활에서는 지기도 하고 아내의 마음을 잡지 못하기도 하는 것을 용납하기 어려워하는 유형의 남자다. 행복은 그렇게 성적순이 아니었다.

회오리바람은 지나가고 그녀의 인기는 폭발한다. 한국의 오프라

윈프리가 되라는 주문을 받고 인터뷰 프로그램을 맡았다. 2회 차에 아름다운 자태를 뿜어내며 멋지게 진행석에 앉았지만 '지금 행복하냐'는 질문에 무너진다. 자신이 왜 그렇게 꼬였는지 모른다고 하나 과연 모를까.

그녀 친구는 그녀 때문에 모두가 죽었다고 외치지만 첫 남자가 대변한다.

"모두가 자기 인생을 살 뿐이야. 가장 먼저 네가 그녀, 고혜란에 대한 부정적인 정보를 주지만 않았다면 나는 살인을 하지 않았을 것이고, 그 애는 다른 길로 걸었을지도 몰라. 그러니 고만 미워하고 너도 네 삶을 살아. 네 길을 가."

그녀의 첫 남자도 자기 인생을 왜 곱씹어 보지 않았을까. 주인공 그녀는 누구에게도 거짓말을 하거나 일을 하면서 신세지는 일도 저지르지 않았다. 앵커란 자기 일에 충실했다. 앞만 보고 열심히 살았다고 하였다. 결국 그녀는 어린 날 열악한 가정 형편에 의해 가지게 된 내적 구호의 노예로 살았던 거였다.

"나도 성공하여 오르는 데까지 올라가 볼 거야."

성장기를 거치면서 변화를 맛보았다면 그녀는 중간에 내적 구호를 수정해야 했다. 자기 안에서 리모컨이 되어 자신을 조정하는 구호 때문에 무의식의 노예로 살면서 내내 눈물바람이다. 일에 능력 있고 자기관리에 철저하고 외모가 출중하지만, 주인공 그녀의 삶에 사랑이나 희생 같은 것은 보이지 않았다. 우선 하늘이 준 자식을 배 속에서 살인했다. 결국 그녀와 그녀를 사랑한 남자들은 다 죽이거나 죽은 사람들이다.

그녀 고교 여자 친구는 열등감 때문에 그녀를 살인자라고 몰아붙이면서 자기 존중감을 죽였다. 내 탓을 찾지 않는 유형의 여자다. 정확하게 자기 탓이 무엇인지 모를 때는 '자비심이 부족한 내 탓이구나' 여기면 답이 끝난다.

스스로 찾아 누릴 평화는 신이 원하는 조건을 충족시킬 때 찾아든다. 무엇을 향해 달렸는지를 지금 그녀는 드라마 속에서 묻고 있다.

가치롭게 지키지는 못했어도 그녀를 놀래킨 대사는 어린 날의 이타적 사랑을 준 남자다. 해줄 일이 있어서 좋았다는 말과 한 번도 그녀를 위해 한 행동에 후회하지 않는다는 말을 주고 간다. "너는 그럴만한 가치가 있어. 너무 오래 울지 마라. 나는 간다."는 말에 그녀는 기가 막힐 것이다.

드라마 속 인물들의 직업현장을 들여다보면서 경외감과 경멸감이 돋고, 불의와 정의를 오묘하게 얽어매어 각본을 쓴 작가를 의식하면서 존경심이 생겼다. 분초를 다투며 살얼음판을 딛는 방송국 사람들과 권력층의 대립각을 피부로 느끼는 날에는 부담스러워서 화면을 비켜갔다. 게다가 러브라인조차 이기와 이타가 오묘하게 공존한 드라마다. 8주간의 생각 여행은 풍성했다.

들어갈 수만 있다면 드라마 속으로 들어가 여주인공인 고혜란에게 종교를 권해주고 싶었다. 경전에는 생명의 질서가 있고 평화가 있고 행복이 들어오는 길이 있다고 말해주고 싶다. 그녀와 그녀 어머니 사이에서 피어난 첫 번째 구호가 전부가 아니라는 것을 확인하였으면 새로운 구호를 가질 날이 도래했다고 권해주고 싶다.

행복은 세상의 어느 위치를 점거하는 것이 아니고 지금 그 자리에서 내적 평화를 얻는 것이다. 시효기간이 끝난 명함에 의존하여 허세를 부리는 사람이나 명함 값하기가 얼마나 어려운지를 알기나 하는지 물어보고 싶은 사람이나 그 드라마를 보고 대답해보면 좋겠다.

"그렇게 말을 하고 그렇게 살면 행복하신가요?"

행복은 생명의 질서에 합류하여 자신을 지켜내면서 피워내는 향기이다. 어찌 거저 오겠는가. 밥은 먹어야 할 것이고 공부도 해야겠지만 그것도 물려받은 만큼의 두뇌로 최선을 다 하여 기능을 획득하여 그 기능에 준하여 벌어먹고 살면서 감사하는 것이다. 자기 분수껏 살며 평화를 누릴 줄 아는 능력이야말로 행복 고수의 비법이다. 죽음의 속성으로 진정한 삶을 역설한 작가의 노고가 엿보여서 시청자로서 고마웠다.

다운로드

"여보, 요즈음 나에게 청담공원은 친구야."
"나에게는 헬스장이고, 힐링 장소이고, 연인이야."
　한창 일선에서 일할 때에는 곁눈질도 주지 않던 남편이 공원사랑에 푹 빠졌다. 아파트 곁에 바로 붙어있는 청담공원은 내게 자연이라는 이름의 노트북이다. 온갖 정서적 자료가 다운로드 되어 저장되어 있다.
　공원 곳곳에 놓인 장의자는 다양한 사람들의 다양한 사연을 담은 인생을 다운로드하여 저장하고 있어서 수시로 다른 사연이 기억에서 피어난다. 오늘은 농민 문학의 대표 소설가인 이무영과 가톨릭 신자로 신앙시를 주로 쓴 시인 구상의 아내가 그 장의자에 앉아 오후 한나절 담소를 나누던 풍경이 떠올랐다. 평소에는 생각나지

앉던 분들인데 그 장의자 곁을 지날 때면 '열어보기' 버튼을 누른 듯 이야기가 기억에서 튀어오른다. 마치 드라마의 한 장면처럼 느릿하고 차분하게 대화를 나누던 노장들이 저 하늘에서 나를 보고 무어라 인생 충고를 할까 상상하면서 장의자에 앉아본다. 염수정 추기경님도 앉아 쉬어가던 그 장의자인데 의자는 무슨 사연을 다운로드 받았을까. 곳곳에 놓인 장의자마다 다운로드한 인생이 도서관의 책처럼 쌓여있을 것이다. 그 '장의자 폴더'에는 화들짝 웃을 수 있는 내용보다는 다소 어둡고 슬픈 이야기가 더 많다.

암선고를 받고 공원으로 먼저 들어와 꺼이꺼이 울면서 한숨을 토하던 여인, 어쩌다 금전적 실수를 하여 가족들에게 지탄을 받고 공원으로 들어와 축 처진 어깨를 가누지 못하던 여인, 반려견을 잃고 멀리 보내지 못해 공원에 유골가루를 묻고 잔돌로 경계석을 쳐두던 여인, 한동안 매일 울다 가는 모습도 스캔하여 두었다. 불법인 줄 알고도 멀리 보내지 못하는 그 여인의 심정은 헤어려지지만 그 행위는 이해하기가 어려웠다.

나에게는 공원과 함께한 30년 역사가 책꽂이의 책처럼, 컴퓨터의 사진파일처럼 기억 안에 저장되어 있다. 숲의 나무들은 수많은 사연을 받아 품고 살면서 살랑거리는 바람결에 날려버리지만, 저들도 제 명을 다 살지 못하고 꺾이기도 한다.

가장 인상적인 사건은 파라곤 태풍이 불어간 다음 날 아침, 숲에 갔을 때였다. 거대한 숲의 요정들이 장난질을 한 듯 이파리가 잘려지고 나무가 부러져 어지러웠다. 그러나 은은한 향수 통을 부어놓은 듯 감미로웠다. 나는 무엇에 홀린 듯 들숨을 크게 쉬며 숲을 향해 빠른 걸음으로 들어갔고 거기에 밑둥이 부러진 나무가 있었다. 나는 처음으로 나무의 생명수 저장고를 보았다. 백두산 천지의 물처럼 움푹 패인 자리에 불그스름한 물이 고여 있었으며 그 물에서는 향내가 풍겼다. 나는 나무의 속살이 그렇게 뽀얗고 아름다운지 미처 몰랐다. 신령스러운 광경이었다.

어느 사연은 글로 써서 드러냈으니 USB로 옮겨져 담겨있는 셈이다. 발표된 글을 수정해야만 할 것 같기도 하다. 나이와 관점에 따라 달라 보이고 들린다. 때로는 나무의 말인 듯 빌려서 글을 창작하다가 보면 달리 표현해야 좋을 것 같을 때가 도래한다.

다양한 사연은 굽이진 오솔길에도 묻혀있고 움푹 들어간 언덕에도 스며있다. 지나갈 때마다 제목이 보이듯 영상이 떠오르면 나는 곧바로 내 컴퓨터에 수정하여 '덮어쓰기'를 한다. 그 많은 사람들의 거친 숨소리를 순화시키고 뒤룩거리는 배둘레를 날씬하게 만들어주는 곳, 공원길에는 유치원 원아들의 발걸음소리와 강아지들의 뜀박질 소리도 기록되어 있다. 일일이 적어두지 않아도 철이 달라지면 생각이 나고 바람결이 달라져도 기억이 다르게 소환된다.

공원이 어느 때는 스승 같고 어느 때는 하느님 같고, 어느 때는 의사 같았다. 그러나 요즈음에는 편안한 친구가 되었다. 언제나 가면 있는 친구, 늘 생명활동을 하고 있는 친구, 변화를 보여주어서 지루하지 않은 친구, 모든 사람에게 공평하게 대해 주는 친구, 말을 걸어도 피드백을 하고 말을 걸지 않아도 자연스럽게 다가와 등을 도닥거리는 친구, 그런 공원이 나는 좋다.

어느 날, 나이가 몹시 들어서 그 친구를 만나지 못할 때, 나는 '열어보기'를 클릭하여 그동안 저장해둔 사연을 다 꺼내 읽고 보고 하리라. 날마다 글로 써서 정리하고 내 안에 마구잡이로 넣어둔 내용을 삭제하리라.

그래도 또 세월이 가면 삭제할 사안이 많아질 것이 자명하여서 나는 운명적으로 글을 써야할 것만 같다. 아마도. 다운로드된 글의 폴더를 다 비우고 갈 수는 없어도 가볍게는 해야 할 것 같다.

요즈음 나는 창작글을 인터넷상의 카페에 저장하고 있다. USB나 다름없다. 스캔 저장된 풍경은 배경으로 꺼내 쓴다. 자다가 깨어도 들어와 클릭, 외출에서 돌아와서도 클릭하였더니 1년이 지나지 않아 300여 편이 활자화 되었다. 이 글을 원단삼아 디자인을 하여 글을 완성한다. 삶의 재미다. 주어진 시대상황에 저항하기보다 즐기기의 일환이다. 태어났으므로 사는 것은 의무이고 행복하게 사는 것은 숙제라고 나는 생각한다. 내가 하늘나라로 가고 나서 내 이름을 검색하면 '그녀는 종종 웃음을 참아가며 살다간 수필가'라는 내용이 글 어딘가에 섞여 뜰 것이다.

복 도

  복도는 실내에 있는 골목과도 같다. 오래된 학교의 복도는 나무로 되어있지만 신축건물에는 시멘트 복도라서 정감이 덜하다. 숱한 복도를 걸었겠지만 기억에 남는 복도가 따로 있다는 것, 그런대로 다른 사연을 담고 내 인생의 복도를 걸었다.

  가장 먼저 만난 복도는 6살 때부터 살게 된 우리 집 복도이다. 적산 가옥인데 복도를 통해서 실내 화장실과 목욕탕으로 이어졌으며 복도의 오른쪽으로는 식당이 있었다. 나는 그 복도에다가 숱한 비밀을 뿌리고 다녔다. 만화책을 실어 나를 때도 먼저 목욕탕에다 부려두었다가 밤이면 그 복도를 통해 우리 방으로 들어날랐다. 동생과 나는 언제나 까치발로 걸어야 했다. 만화를 읽다가 방학 숙제를 제때 하지 못해 개학 전날 하면서 밤샘을 할 요량으로 커피를 주발로 타 마시고, 써서 오징어를 구워 잘라먹었다. 내 위장이 받아낼 수가 없었던지 그날 밤에는 그 복도를 기어서 화장실로 드나들다가 쓰러지고 말았다. 토사곽란이란 병명을 그날 알게 되었다. 그뿐 아니라 나는 시외버스가 전복되었다는 라디오방송에서 보호자가 없는 환자가 있다는 말을 듣고 반찬과 숯을 몰래 가져다 날랐다. 우리 집에서 병원까지 한 사거리 안에 있으니 마음이 동하는 대로 행동할 수가 있었다. 그 복도에는 '몰래'와 비밀스런 발걸음과 숨죽인 몸짓이 숨어있다.

  9세에 만난 내과 병원의 복도는 신문화가 들어온 길이다. 우리 반 학부모 중에 여성단체회장인 어머니가 있어서 우리는 최초로 전주에서 걸스카웃 창단멤버가 되었다. 활동공간을 따로 두지 않고 멤버 중의 한 명이 내과 병원의 딸이라 그곳에서 우리는 회합을 가졌다. 우리가 회합을 하는 방과 통한 복도를 따라가면 병원의 치료실로 이어졌다. 처음 보는 ㅁ자 형의 한옥을 개조한 건물로, 안에는 한식정원이 멋스럽게 꾸며져 있었다. 그 복도를 통해 축하문화와 봉사활동에 대한 개념이 들어왔고 처음으로 케이크를 구경한 곳이다. 그냥 노는 게 아니라 놀이에도 계획이 있고 진행 순서가 있으며 무엇보다도 카드나 선물이라는 개념도 내게 들어왔다. 그 복도는 내게 선진문화의 아이콘처럼 기억된다.

12세의 복도에는 초등학교 고학년들이 쓰던 뒷 건물의 복도에 대한 역사가 그려져 있다. 여자 반은 중앙계단을 중심으로 왼쪽, 남자 반은 오른쪽인데 여자들이 더 극성맞게 남자아이들을 놀렸다. 비가라는 우유석인 사탕류는 60년대의 인기 있는 사탕이었다. 마치 백묵 한 토막 같았다. 우리는 속을 빼먹고 백묵을 잘라 넣고 사탕처럼 싸서 일찍 등교하여 남자 반 복도로 던져두고 동정을 살폈다. 첫 번째 걸려든 남자는 좌우를 살피다가 냉큼 들고 교실로 들어갔다가 조금 지나면 고래고래 소리를 지르며 여자들 쪽으로 던져버린다. 여학생들은 별것도 아닌 일로 재미나다는 듯 웃음을 복도로 쫙 깔면서 하루를 시작하곤 했다. 비록 키는 작았지만 이 복도에는 사춘기의 이성에 대한 호기심이 배어있다. 구경하는 것만으로도 호기심이 충족되었다.
  12세의 나에게 가장 호기심 천국인 복도는 전매청장 관사의 복도이다. 어머니는 인사계장의 아내로 그곳에 드나드는 사모님들 권력 순위로 치면 꼴찌이다. 가장 나이가 어리기도 하려니와 지방관서의 일이란 게 남자의 서열대로 여자의 자리가 매겨지다보니 어머니의 일은 언제나 허드레 같은 일이 전부였다. 시골 출신인 어머니는 그러한 사교적 자리가 익숙하지 않아서 나를 데리고 다녔고, 나는 인문학 공부가 그곳에서 무르익었다. 보아야 깨닫고 알아야 수정하거나 보완하거나 버리거나 하는 것이므로 그곳은 인생 공부하는 현장이었다. 어머니는 특별한 행사가 있을 때면 늘 나에게 주의를 주곤 하였다. 잔디밭을 향한 복도 끝까지 가지 말라고 했지만 나는 궁금해서 보지 않고 견디기가 어려웠다. 그렇게 청장관사의 복도에는 눈치가 서려 있다. 호기심 때문에 견딜 수가 없었다. 큰 인사이동이 끝나고 서울에서 3국장이 내려와 사모님들 사이에서도 이취임식이 이어지고 있던 날, 사진 촬영 장면을 관찰하였다. 나는 의관이 얼마나 중요한지를 그날 알았다. 우선 중심인물이 되면 중심인물다운 의관을 갖추어야겠다는 판단이 서고 윗분보다 지나치게 화려한 의관은 되레 욕되어 돌아올 것 같다는 생각을 하게 되었다. 훗날 나는 문단의 어른들로부터 그 통찰이 옳았다는 것을 확인하였다. 기자출신 문인에게서 흘러나온 말로는 영부인과 마주 서야할 경우에는 영부인이 기자에게서 상대적으로 빈곤감이 들지 않도록 하기 위해 의복검사를 받다가 칼라에 붙은 밍크를 떼어낸 적도 있다고 하였다. 아름답거나 멋스러움에도 서열이 있는 것은 아니지만, 어린 내 눈에도 그것은 인간사를 원만하게 하는 감각으로 비쳐졌다.

  나는 남편이 공직사회에 발 담그고 있는 동안 알아서 아예 그러한 문화에 발을 담그지 않았다. 그곳에서는 뻥 튀겨진 소문도 난무했다. 누군가의 자녀가 실컷 놀다가 가도 시험을 보면 전교 1, 2등을 한다는 소문난 집 자녀들 때문에 우리 어머니의 교육열은 과열되었고, 나는 당시의 아이들과 달리 골목도 모르고 복도만 오락

가락 하면서 시들어갔다. 아무튼 권력의 이동이 보여주는 풍경을 보려고 간간이 관사의 복도 끝까지 까치발로 걸어가 펑 하고 플래시 터지는 소리가 들릴 때까지 눈을 떼지 않았다. 그 복도에는 어른 세계를 앞당겨 본 나의 눈이 박혀있다. 지금도 그날 찍은 어른들의 사진 한 장이 내 눈에 선연하다. 사람은 착한 것만 능사가 아니라 아름다워야겠고 품위와 인격적 면모도 갖추어야겠으며 여러 사람이 모인 자리에서 지나치게 앞서지도 말고 뒤처지지도 말아야겠다는 것을 그날 배웠다. 그 관사의 복도에는 호기심 어린 시선이 날카롭게 꽂혀있으며 사회학 개론 강의를 눈으로 듣는 것 같았다.

17살의 복도에는 익살스러움으로 매끄럽게 윤이 나 있다. 청소할 때 비질이 끝나면 양초를 칠한 다음 걸레로 문질러서 윤을 냈다. 나는 착한 여고생이 되는데 질려서 슬금슬금 익살스러운 끼가 동했다. 친구 더러 쉬라고 하고 친구의 걸레를 빼앗아 양 발 밑에 깔고 "슬로우 슬로우 퀵퀵" 하면서 사교춤 스텝을 흉내냈다. 전혀 볼 수 없었던 착실한 꼬마 여학생의 낯선 행동에 놀란 사람은 선생님이었다. 그날 그 복도에는 '너에게도 이런 모습이…'라는 문장이 새겨져 있다.

20살에 만난 복도는 여관의 긴 복도이다. 교생실습 중 모범수업을 했다. 아무도 해보지 않은 창의적 수업인데 활자가 아니라 이미지를 이용한 수업과 판서를 구조화한 수업이었다. 칠판 양쪽에 커튼을 쳐두고 호기심을 준 다음 살짝살짝 만화캐릭터를 보여주며 주의집중을 요구했다. 아이들의 흥미를 끈 수업은 성공적이었다. 이를 창문 밖 복도에서 지켜보던 학부형이 나를 불렀다. 그 반 반장 엄마였다. 여러 사업을 하고 있어서 밤에 늦게 들어가는데 아주 일찍 귀가 하지 않아도 좋으니 누나처럼 정을 주고 그 집에서 살아달라는 청이었다.

  성격이 좋아 보이고 인상이 좋은데다 그 집 아이가 나를 좋아해서 그런다고 청을 들어달라고 했다. 공부를 도와주지 않아도 옆에만 있어주면 되는 아르바이트였다. 그 복도 끝에 있는 방으로 들어가면서 생각했다. 사람 자체가 브랜드가 되면 경제적 가치를 창출할 수도 있다는 자각이 들었다. 나는 일생동안 나를 계발하고 가꾸고 다듬으며 그 복도에 새겨진 정신을 이어 갔다. 통합적인 인격체로 성장하기를 꿈꾸게 한 복도이다. 그때의 깨우침은 사는 내내 도움이 되어 주었다.

  22살에 만난 복도는 답답했다. 원서동 한옥의 복도를 한옥답지 않게 창을 달아 외풍을 막았는데 외부와 열린 구조로 지어진 집을 막아버렸다는 느낌 때문인지 아니면 그 집의 분위기 때문인지 답답했다. 평소에 보여준 그 집 주인의 성격이 집에서 드러난다고나 할까. 거짓과 꼬드김으로 사원들을 안정시킨 다음, 월급 액수가 늘면

퇴출시키는 유형의 오너네 복도에서는 정이나 인품이 드러나지는 않았다.

  27살에 잠시 걸었던 수도원의 복도는 나에게 수도생활을 포기하게 만들었다. 틀을 버거워하고 침묵이 무서운 내게 그곳은 그 조건을 두루 갖추고 있었다. 부르심이 아니라 자원한 그곳은 면담으로 끝을 맺었다.

  복도는 내실에서 피어난 감정을 잠시 정리하는 장소로 언제나 조금 느리거나 조금 빨리 걷게 한다. 때로는 앞 팔짱을 끼고 때로는 턱밑에 손을 받치기도 하고 때로는 벌벌 기면서 가던 복도, 거기서 철학이 피어나고 문학의 씨가 떨어졌던 거였다. 색깔이나 성격이 다른 복도를 걸으며 나의 인생이 여물었고 결혼과 동시에 아파트살이로 접어들며 복도라는 단어와 아주 멀어졌다. 그러나 그 단어가 품고 있는 다양한 사연을 통해 나는 꿈속에서 하늘로 난 복도를 걷는다.

22세의 용기

　익숙한 공간에 있다가 낯선 대상을 만났을 때 짖는 개는 무섭지 않다. 속으로 떠는 놈이다. 짖고 도망 갈 수 있을 때 짖는다. 이미 목줄을 하고 있는 개는 짖지 않는다. 도망갈 수 없는 처지라는 것을 알기에 꼬리를 내린다. 주인을 보고 가볍게 짖는 것은 응석을 부리며 그리로 도피하고 싶다고 알리는 것이다. 되레 의연하게 관망하고 있다가 개별적으로 접촉을 시도하고 주인과 지나치게 접촉을 많이 하지 않는 개가 건강하고 강한 개다. 사회성을 가지고 어느 공간에서나 살아갈 수 있다는 자신감이 붙은 개이다.
　직장을 개줄로 인식하는 것은 슬픈 일이지만 인간도 개와 특별히 다르지 않다. 일이 다를 뿐이다. 인간에 대한 이해가 충분하지 않은 오너나 직원은 월급을 개줄로 착각하기도 한다. 그러나 모든 개가 같지 않듯 모든 사람이 같지 않다. 개나 사람이나 사회성이 길러지면 관계를 파악하고 건강하게 처신할 줄 안다.

  직장에서 일을 맡아서 할 때는 일과 봉급을 연결하여 생각하지 않아야 의연하게 일을 할 수 있다. 이미 선택은 결정 났으므로 성실하게 수행하면서 오너의 눈치를 볼 필요가 없다. 자신의 능력을 최대치로 높이면서 어느 누구도 그 일을 대신할 수 없도록 만들어 가는 게 우선이다. 개선할 필요가 있다고 여겨지면 그때 다시 다른 선택을 하면 되는 것이다. 아무리 돈이 궁해도 일단 일을 시작했다면 일에 충실해야지 돈만큼 일해서는 개줄에 묶인다. 혹여 그 자리에서 떨어져 나가게 될까봐 연연한다면 그 일은 그 사람에게 맞지 않는 일이다.

  나는 부모가 좋아하는 교직을 그만 두고 출판사에서 일을 하게 되었다. 내 앞에 몇 분이 일을 하다가 그만 두어서 삽화 자리가 빈 채 교정작업이 이어지고 있었다. 일은 시작되었고 나는 상황파악을 한 다음, 누가 뭐라든 그 빈자리를 하루라도 빨리 메꾸려는 심산으로 하루 종일 그림만 그렸다. 보는 사람이 무섭다고 할 만큼 차근차근 메꿔 나갔다. 그리고 봉급날이 되었다.

  봉급 액수를 확실히 정하지 않고 시작해서 궁금했다.

  봉급은 내 예상을 훨씬 못 미쳤다. 나는 이 상황을 어떻게 수습할 것인가 몹시 신경이 쓰였다. 대부분의 사람들은 절이 싫으면 중이 떠나는 것이라고 '떠날 때는 말없이'를 택하거나 떠날 수 없으므로 투덜거리면서 살지만, 나는 그렇게 하지 않았다. 묻지도 않고 침묵하거나 물러나는 것은 잘못 하는 것 같았다. 공직자였던 아버지와 달리 개인 회사는 대화가 가능하다고 믿었다. 나는 열심히 일하고 일한 만큼의 대가를 받고 싶었다.

내 나이 22살, 나는 그 상황 앞에서 그 직장에 연연해하지 않기로 했다. 이러한 결정을 할 때 부모에게 상의를 한다거나 묻지 않았다. 수기공모에 응한 것도 나고, 원고료를 받으러 간 것도 나고, 소개받아 그 직장에 간 것도 나라서 내가 고뇌하고 내가 결정하는 것을 철칙으로 생각했다.

1970년의 시대상황으로 봐서는 여성의 취업 자리가 지금보다 훨씬 힘들었으며 일할 거리가 일단 적었다.

취업이 되었지만 잃어도 크게 상심하지 않을 만큼 나는 세상을 몰랐다. 얼마든지 일자리를 찾아 살아갈 수 있을 것 같았다.

"똑똑"

사장실 노크소리로 내 가슴이 쿵쿵 울린다. 그래도 그렇게 해야 할 것 같아서 머뭇거리지 않고 들어갔다.

"사장님, 여쭙고 싶어요. 제가 일한 값이 봉급만큼 밖에 안 되는 건가요?"

사장은 당황했다. 이 업계의 봉급 수준이 대체적으로 그래서 그렇게 책정했다고 말했다. 나는 변명이나 부탁 같은 것은 하지 않았다.

"그렇다면 여기서 일을 배우고 어디 가서도 일을 할 수 있게 되었으니 봉급은 받지 않겠습니다. 그렇게 일을 하고 이만큼의 봉급을 받는 것은 부끄러워서 다니지 못하겠습니다."

나는 봉급 봉투를 내밀고 일어섰다.

사장님은 그제서야 상황파악을 하고 나를 앉도록 했다. 나는 디자인 일을 하지만 편집일도 겸할 수 있는 양쪽 기능을 가졌다. 다른 직원들은 한 쪽 일만 할 수 있기에 내 봉급이 많아도 무리가 아니라는 것을 사장도 안다. 그날 그 자리에서 봉급은 두 배로 채워졌고 나는 여전히 충실했다.

직장에 다니는 동안에는 집에서보다 더 정신 멀쩡하게 머무는 시간이 많으므로 직장을 재미난 공간으로 만들어 갔다. 홍일점이라서 가능했을지도 모르겠으나 회사가 아니라 가족들이 모여서 일하는 것 같았다.

그때 내가 그린 그 회사의 로고가 아직도 사용되고 있다. 웅크린 백조의 고개가 자신 없어 보여 고개를 세운 백조로 고치자고 하여 다시 그렸다. 수없이 생겼다가 사라지는 출판사 중에 2세 사장이 맡아 건재하니 아마도 그 백조가 고개를 쳐들어서 그런가 헛생각을 하며 웃어본다.